KB125567

명강사
25시

행복한 삶을 위한 명강의

존경하는

_____ 님께

더 좋은 세상을 만드는

멘토가 됩시다

20   년   월   일

_____ 드림

명강사 25시

초판 1쇄 발행 2016년 6월 11일

지 은 이   김칠주 외 19인 공저
발 행 인   권선복
편집주간   김정웅
편   집   정희철
전 자 책   신미경
마 케 팅   정희철
발 행 처   도서출판 행복한에너지
출판등록   제315-2013-000001호
주   소   (157-010) 서울특별시 강서구 화곡로 232
전   화   0505-613-6133
팩   스   0303-0799-1560
홈페이지   www.happybook.or.kr
이 메 일   ksbdata@daum.net

값 20,000원

ISBN 979-11-86673-53-9   03190

도서출판 행복한에너지는 독자 여러분의 아이디어와 원고 투고를 기다립니다. 책으로 만들기를 원하는 콘텐츠가 있으신 분은 이메일이나 홈페이지를 통해 간단한 기획서와 기획의도, 연락처 등을 보내주십시오. 행복에너지의 문은 언제나 활짝 열려 있습니다.

명강사 25시

김칠주 외
19인 공저

고려대 명강사 최고위과정 4기

강병두 강현녀 김두현 김진원 김칠주
노양순 도명수 박인숙 변영순 서인석
손익도 신경호 신현기 양승일 이순이
이영도 정학진 조경행 천경임 초경화

행복한 에너지

이천희 고려대학교 평생교육원장

신록이 푸른 2016년 6월을 맞이하여 고려대학교 명강사 최고위 과정도 어느덧 4기를 맞이하였습니다.

「고려대학교 명강사 최고위과정」은 명실상부한 고려대학교 역사 110년 만에 최초로 개설되었습니다. 평생교육원의 명품 전문가 프로그램으로서 그 위치를 공고히 하고 있습니다.

특히 고려대 명강사 최고위과정의 전통으로 '공저 쓰기'는 감사 하는 마음으로 사명감을 갖고 봉사하고 있습니다. 2016년 3월 7 일부터 시작하여 총 17주간 진행된 이번 명강사 최고위과정 4기 역시 역량과 책임감, 열정이 가득한 강의와 수업으로 사회적 책임 의식 및 사명감 있는 명강사 육성이라는 소기의 목표를 달성하였 습니다.

그렇기에 「고려대학교 명강사 최고위과정」을 수료한 분들은 강

의의 본질과 기술을 이해하고 실전에서 실천하는 명강사의 이름에
어울리는 분들이라고 할 수 있습니다.

이번 「고려대학교 명강사 최고위과정 4기」 공저엔 명강사들의
열정, 긍정, 행복이 담겨 있습니다.

수많은 독자들이 다양한 삶 속에서 자신의 가치를 찾아내는 명
강사들의 자세와 사람들을 감동시키는 명강사의 요건을 이 책을
통해 들여다볼 수 있는 계기를 얻게 되리라 생각합니다.

과정을 운영하시는 서필환 주임님! 출판에 도움을 주신 김도운
저술지도님, 김칠주 4기 원우회장님과 정재원 공저위원장님! 그
리고 『고려대 명강사 최고위과정 4기 명강사 25시』 공저가 세상에
나올 수 있도록 수고하신 분들에게 감사드립니다.

고려대학교 평생교육원장 이천회

서필환 고려대 명강사 최고위과정 주임교수

110년 고려대학교 역사 최초로 개설된 고려대 명강사 최고위과정 4기생들의 지혜와 지식, 정보, 체험 등 강의 콘텐츠를 모아 세상에 출간하게 됨을 축하드립니다.

고려대 명강사 최고위과정의 전통이 된 '공저 쓰기'에 참여해 주신 선생님들의 열정에 감사드립니다. 또한 세상을 아름답게 가꾸는 데 있어 사명감을 갖고 자신의 역량을 아낌없이 나누고 계신 점이 자리를 빌려 감사의 말씀을 전합니다. 그동안 함께해주신 여러 교수님들의 헌신적인 사랑과 봉사에 심심한 감사를 드립니다.

명강사 실전 교육은 대한민국 명강사들만의 노하우를 배우고 실습하는 과정으로 진행됩니다. 명강연의 숨은 비밀, 자기계발 비법, 강사가 되는 과정의 체험담, 강의 수주를 늘려주는 SNS 홍보 마케팅 비법, 스마트폰 활용 비결 등 17주에 걸쳐 체계적인 교육이 진행됩니다.

무엇보다도 기존 선배 명강사들의 코칭과 지도를 통해 프로강사에게 요구되는 지식과 맞춤형 정보를 배울 수 있는 부분은 어디에서도 찾아볼 수 없는 메리트라 자부합니다.

　고려대 명강사 최고위과정을 수강하시고 공저에 참여하시는 분들은 대한민국의 명강사로 힘찬 발걸음을 내딛으며 감사, 사명감, 봉사를 갖춘 '감사봉' 정신을 실천하고 계십니다. 본 명강사 25기 공저는 명강사라는 이름을 세상에 알리는 좋은 홍보마케팅 효과와 더불어 세상을 변화시키는 움직임으로 기억될 것입니다.

　아울러 이 공저 『명강사 25시』가 나오기까지 애쓰신 김도운 저술 지도위원장님, 정재원 공저위원장님, 김칠주 원우회장님, 도서출판 행복에너지 권선복 대표이사님과 관계자 여러분의 노고에 박수를 보냅니다.

　고려대 명강사 최고위과정 4기! 우리 모두의 앞날에 서광이 있기를 진심으로 기원합니다.

　『명강사 25시』는 5기에서도 계속 전통으로 출간될 것이며 세상을 밝게 만드는 초석이 될 것으로 믿습니다.

2016년 6월
고려대 명강사 최고위과정 주임교수　서필환

차례

고려대학교

1장

열정

김 진 원(金珍元)

학력: 고려대학교 사회학과 졸업 / 미국 Maryland Univ.(Far East Div.) 수학 / 인하대학교 국제통상학 박사.

현재: 미국 오리건주정부 주한대표부 대표 / 인하대학교 아태물류학부 겸임교수 / 충남도지사 국제 자문역 / 주한 미국주정부 대표자협회장 / 주한 키르키즈스탄 공화국 대사관 대표자문역

전: 중부대학교 부교수 / 한국생산성학회 상임이사 / 미국 George Fox Univ. 방문 교수 / Jason Boe & Associates(미국 로비회사) 이사 / 미국 알라스카 발디즈시 국제 담당 컨설턴트 / 시사평론가 - KBS 1 라디오 "여기는 서울" 진행 / 충남 도청 이전 평가교수단 / 재경 논산 향우회 부회장 / 인천 테니스협회 부회장

저서: "Lobby & Lobbyist" 1, 2, 3권

논문: 미국지방정부의 국제화 연구, 한국기업의 해외투자에 대한 연구. Korea Times, 한국경제신문 등의 Columnist

강의: 공주대 최고경영자 과정. 중앙 공무원 연수원, 충남도청, 제주도 공무원 연수원 등에서 "국제통상의 변화" "지방의 국제화". 대한민국 국회 "로비의 합법화" 토론 패널리스트.

연락처: 010-7546-0052

이메일: jimwkim33@gmail.com

세상의 변화와 자기경영
: Changing World & Self Management

　일찍이 붓다께서 "영원한 것은 없다, 이 세상 모든 것은 변한다" 라고 하셨듯이 눈에 보이는 것은 물론 보이지 않는 사람의 마음 조차도 화장실 갈 때와 올 때 다릅니다. 오늘 저는 변화의 대상을 "인류", 교역을 통한 "세계", 해방 후의 "우리나라" 그리고 사람의 경우는 "저"를 예로 들어 말씀드리겠습니다.

1. "인류"의 발전

　미국 하버드대 미래학자인 Alvin Toffler 교수에 의하면, 수억 년 전에 아프리카에서 탄생한 인류는 처음에는 짐승 한가지였을 것이라고 합니다. 그렇게 한낱 동물처럼 살던 인류가 약 1만 년 전 쯤에 터키의 한 동굴에 사는 사람이 먹이를 찾아 매일 사냥하고 식 물을 채집하던 생활에서, 최초로 씨앗을 뿌려 식량을 경작하고 주 위의 다른 사람과 나누고 교환을 시작한 것이 인류의 발전사에 첫 번째 획기적인 변화인 유목생활의 시작, 소위 농업혁명이라고 정 의했습니다. 그렇게 근 1만 년을 살던 인류가 약 200년 전에 영국에서 제임스 와트의 증기기관차의 발명으로 대표되는 공업화가 되어 인류의 삶이 급변하는 두 번째 변화 즉 공업혁명이 일어납니다. 그러다가, 약 70년 전쯤 정보통신 운송기술의 발달에 기초한 제3의 물결The 3rd Wave인 지식혁명이 도래합니다. 정보통신I/T의 발달로 아프리카 구석에서 일어나는 일도 우리는 안방에 앉아서 거의 실시간으로 볼 수 있으며, 운송수단의 발달로 불과 3-40년 전만 해도 상상도 못 할 만큼 장소의 이동이 빨라졌습니다. 예를 들어, 70년대 초까지만 해도 제 고향 충남 논산에서 서울을 오려면 새벽 밥 먹고 호남선 기차를 타고 하루 종일 올라와야 돈암동 큰댁에 도착했는데 지금 그 시간이면 뉴욕을 가고 런던을 갑니다. 거의 개발 완성단계에 있다는 10마하짜리 초고속 여객기가 출현하면 1시간 30분이면 아침 일찍 인천공항에서 출발 뉴욕에 가서 필요한 회의를 하고 점심 먹고 또 1시간 30분이면 런던에 도착 일을 보고 출발하여 그 시간이면 인천공항에 도착 서울의 집에서 잠을 자는 즉 하루면 지구를 한 바퀴 도는, 그야말로 1일 생활권 지구촌시대가 되는 셈입니다. 그런데 제3차 산업혁명 운운한 게 고작 70년 전인데 근래의 화두는 AI(Artificial Intelligence 인공지능) 로봇으로 대표되는 제4차 산업혁명 디지털시대라고 합니다. 앞으로 머지않아 고도의 지능을 요하는 일은 AI가 그리고 대부분의 단순 노동은 로봇이 사람을 대신하게 됩니다. 세계적인 베스트셀러 "사피엔스"의 저자 유발 하라리 교수는 2,100년쯤이면 지금 인류와 전혀 다른 신 비슷한 존재인 신인류가 탄생할 것이라고 합니다. 그리 되면 사랑, 우정, 행복, 가정 이런 개념들이 크게 바뀔 것이라고 하니 생각만 해도 오싹하고 앞으로 우리 후손들은 어떻게 살아야 될지 두렵기까지 합니다. 그러나 아무리 바둑판에서 알파고가 이세돌을 이겨도 어차피 AI나 로봇은 사람이 만든 기계에 지나지 않으니 사람이 인간답게 살려면 지혜 즉 "생각의 힘"을 키워야 된답니다. 이는, 바둑은 인간에게 "끝없이 생각"하고 두는 게임이자 예술이자 인생의 축소판이지만 알파고에게는 "끝없는 계산"의 연속일 뿐이기 때문입니다. 따라서 알파고는 바둑을 둔 것이 아니라 계산만 한 셈입니다. 이렇게, 인류 변화의 주기가 수억 년에서 불과 만 년, 200년, 70년으로 급변하는 것도 모자라 요새는 하루가 다르게 신기술 신제품이 나옵니다. 그러면, 과학의 발전과 더불어 변화의 또 다른 한 축인 국가 간의 통상은 어떠했는지 살펴보겠습니다.

2. "세계" 통상환경의 변화

세계의 거의 모든 전쟁은 자원 확보를 위한 영토 확장과 더 많은 자기나라의 제품을 수출하여 부를 축적하고자 하는 경제적인 이유에서 출발합니다. 약 700만 명의 사상자를 낸 인류 최대의 재앙인 제2차 세계대전이 끝나갈 무렵인 1944년에 77개국 대표들이 미국 동부의 작은 도시 Breton Woods에서 모여, 규제나 원칙이 없이 나라와 나라 사이에 교역을 하면 또다시 세계 대전이 일어날 수 있으니, 그를 피하고자 1947년 GATT(무역과 관세에 관한 일반협정), IMF(국제통화기금) 그리고 IBRD(국제개발은행)를 창립합니다. 이는 각국이 교역을 하되 서로 규칙을 지켜 충돌을 피하자는 취지입니다. 그러나 1947년 당시는 컴퓨터도 없었고 또 거래의 대상이 눈에 보이고 만질 수 있는 것 즉 Hardware뿐이었는데 지금은 지적 소유권이니 Brand Power니 하며 형체가 없는 Software도 재화의 대상이 됩니다. 게다가 경제적 이익만 되면 언제든지 "적과의 동침"이 가능하듯이 국제 상황도 많이 변하여 그때 만든 잣대로는 도저히 세계 무역질서를 바로잡을 수가 없어, 각국 대표들이 우루과이에서 만나 10여 차례의 회의 즉 "우루과이 라운드"를 거쳐 강력한 새로운 무역질서인 WTO(세계무역기구)를 탄생시킵니다. 1947년에 탄생하여 세계무역질서의 기준이 된 GATT가 꼭 47년을 생존하다가 1994년 12월 31일부로 사망하고 그 후신인 WTO가 1995년 1월 1일부로 출생신고를 하게 됩니다. 스위스 제네바에 본부를 둔 WTO가 지향하는 바는 가입한 모든 국민들이 보다 좋은 상품을 원활하게 유통하여 삶의 질을 향상시키자는 데 있습니다. 여기서 한발 더 나아가 일정 국가들이 보다 더 긴밀하게 교역을 하자는 것이 바로 FTA(자유무역협정)입니다. 이는 좁은 국토에 석유 한 방울 나지 않으며 무역의존도 80%를 넘는 우리나라로서는 절대적으로 유리한 상황입니다. 물론, 모든 FTA가 우리한테 유리한 것은 아니지만, 한미 FTA 반대 구실로 명백한 이유도 없이 "뇌 숭숭, 구멍 탁" 하며 미국산 소고기를 먹으면 당장 광우병에 걸릴 것처럼 난리를 쳤으나 한 사람도 피해자가 발생하지 않은 파동은 무역만이 살길인 우리한테는 두고두고 되새겨 볼 일입니다.

3. "우리나라"의 발전

이런 급변하는 국제정세 속에서 우리나라는 어떻게 변했는지 살펴보면, 1948년 정부수립 당시 63불에 불과하던 1인당 국민소득이 2015년 기준 26,000불에 달하고 있습니다. 비록 2만 불을 넘어선 지 10년째 선진국 진입의 기준인 3만 불의 문턱을 넘지 못하고 있지만, 국민 총생산이나 무역량 규모로 근 250여 개의 나라 중 12위 정도이니 아마 단군 이래 어쩌면 지금이 가장 부강한 셈일 겁니다. 그러나 어떤 외국 친구는 한국 사람들만 자기들이 다른 나라에 비해 얼마나 잘사는지 모르는 것 같다고 합니다. 부존자원도 빈약하고 국토는 좁은 데다 그나마 대부분이 산이고, 또 북한은 끊임없이 군사적으로 위협하는 세계에 유래가 없는 열악한 상황에서, 철저히 파괴된 동족 간의 전쟁을 겪은 지 70년도 채 안돼 이런 기적적 발전을 이룬 나라는 역사상 우리뿐입니다. 흔히, 우리나라의 교육은 주입식이고 정치는 밤낮 싸움만 하고 공무원들은 부패했으며 노동자들은 걸핏하면 투쟁이나 한다고 비난합니다. 그러나 저는 그리 생각하지 않습니다. 가까이 있는 필리핀의 예를 들어보면, 1967년 ASEAN이 출발할 때만 해도 아시아에서 가장 잘사는 나라 중 하나였으며 우리나라 국민소득이 1인당 70불 남짓이었을 때 필리핀은 190불이었습니다. 광화문에 있는 미국대사관, 예전 경제기획원 건물과 장충체육관을 필리핀 건설회사가 시공했을 만큼 모든 면에서 우리보다 월등했습니다. 북한같이 안보를 위협하는 요소도 없고 국토도 넓으며 석유 등 부존자원도 많은 그 나라가 지금은 1인당 국민 소득이 우리의 10분의 1도 안 되며 많은 필리핀인들이 가정부 겸 영어가정교사로 우리나라에 취업하고 있다고 합니다. 이는 마르코스 전 대통령 때부터 만연한 정치지도자들의 부패와 무능이 큰 요인입니다. 물론 우리나라의 지도자들이나 정책들이 모두 옳고 잘했다는 얘기는 아니지만, 이승만 대통령부터 지금까지 비교적 잘해왔으며 공무원들 역시 박봉에 사명감을 가지고 성실히 근무했고 노동자들도 피땀 흘려 열심히 일했으며 기업가들 역시 "세계는 넓고 할 일은 많다"는 의욕으로 불철주야 일한 노력의 결실로 우리가 지금 이 정도를 살고 있는 것입니다. 이는 우리나라 사람들이 그만큼 우수하다는 것을 단정적으로 증명하는 것입니다. 국부론의 저자 아담 스미스는 모름지기 정부의 역할을 외국의 침략으로부터 국가를 지키고 선량한 국민을 타인의 불공정행위와 억압으로부터 보호하며 국민의 생활의 편의를 위해 공공시설을 건설하고 유지하는 것으로 규정하고 있습니다. 이는 국가가 개인의 생활 정도까지 모두 책임져야 된다는 것이 아닙니다. 지금이야, 사회 복지가 잘돼 어디 아프면 큰돈 들이지 않고도 치료받을 수 있지만 이 역시 그만큼 나라가 부강해졌기에 가능한 일입니다. 그러나 이에 안주하지 말고 급변하는 세상에 우리나라 역시 더욱더 발전하기 위해서는 우리가 잘할 수 있는 것과 우리만이 가지고 있는 것을 활용해야 됩니다. 예를 들어, 당면 과제인 북한 핵만 해도 아무리 그들더러 포기하라고 한들 생존이 달려있는데 하겠습니까? 백년하청이지요. 물론 6자 회담이나 유엔을 통한 국제사회의 경제제재 등 여러 방법이 있으나 그보다는 우리가 현재 가지고 있는 것의 활용입니다. 예를 들어 지금 우리나라에 와 있는 탈북자 등이 남쪽에서 행복한 삶을 살고 있다는 소식을 북에 있는 가족이나 친지들에게 전하는 것입니다. 이는 흡사 목마 속에 40명의 병사를 보내 성문을 열게 해 트로이를 멸망시킨 그리스의 "트로이 목마"처럼 엄청난 위력을 발휘 북한정권 파멸의 일등 공신이 될 것입니다. 이는 빤히 보이는 대북방송이나 삐라 살포, 벌써 10여 년을 아무 소득 없이 끌고 있는 6자회담 등보다, 실체는 보이지 않지만 훨씬 파괴력 높은 전술일 수 있습니다. 하나 더 예를 들면, 우리의 슬픈 역사적 자산이긴 하지만, 아직도 150만 명 이상이 생존해 있다는 6·25 참전 용사, 연인원 250만 명에 달하는 주한미군 전역자들 그리고 16만 6,000명이 넘는 해외 입양아들 및 평화봉사단 등 한국과 인연을 맺었던 이들을 잘 관리하는 것입니다. 그러면서, 대미 외교에 어떤 어려움에 닥쳤을 때 정부 차원 로비도 필요하지만 평소에 관리해온 이들에게 현재 한국의 처한 상황을 얘기하고 지원을 부탁하는 것입니다. 이들에게 우리의 처지를 설명하고 자기 지역 출신의 상하원들에게 대한민국에 도움이 되도록 하라고 청원을 부탁하면 이게 바로 "풀뿌리 로비"이며 가장 강력한 외교수단일 수 있습니다. 16개국 6·25 참전 용사들에게 작은 선물과 함께 우리의 발전상을 알려주면 자기가 목숨 바쳐 지킨 나라의 발전에 대한 자부심을 느낄 것이며, 이들이 바로 우리의 일등 외교관이요 우리 상품의 구매자 선전자가 될 것입니다. 이런 접근은 다른 쪽에서도 얼마든지 가능할 것이며 제 취지는 우리만이 가지고 있는 자산을 적극 활용하자는 취지입니다.

4. "나"의 실패와 역경: '내공'의 자산

이제까지 인류, 세계 그리고 우리나라의 변화를 언급했으니 그 주체인 사람의 경우는 바로 "저"를 예로 들어 보겠습니다. 누구든 다 저마다의 사연 즉 Story가 있듯이, 저 또한 충청도 산골에서 초등학교 선생님을 하시던 아버지와 어머니 사이에서 7남매의 둘째로 태어났습니다. 인근에 유명정치인이었던 유진산 선생 가문과 비견될 만큼의 부농이었던 할아버지 덕에 유복하게 자랐습니다. 어려서는 초등학교 3학년 때 장질부사 염병에 걸려 두 번이나 죽었다가 간신히 살았을 만큼 병약했던 편입니다. 비록 작은 시골학교지만 공부를 잘하니 교사이시던 아버지의 바람으로 대전중학교에 응시했으나 떨어진 뒤에 약 8km 떨어진 신설 중학교에 보결로 들어가 매일 3~4시간씩 걸어 다니며 학교운동장 공사, 환경정리 등으로 영어의 문장의 5형식이나 수학의 인수분해도 배워보지 못한 그야말로 제대로 공부해본 기억이 없습니다. 거기다 중3 때 막냇동생을 낳고 오래 고생하시던 어머니가 돌아가셨습니다. 그래도 학교 성적은 우수해 또 대전고등학교를 봤다가 실패했습니다. 초등학교를 6살에 들어간 덕에 나이는 괜찮았지만 시골에서 판판 놀다가 이듬해 공주고등학교를 들어가서 입학성적 300명 중 108등이었으나 2학년 말에는 전교에서 5등 안에 들 만큼 성적이 올라 1년 열심히 해서 서울 법대를 가겠다는 야무진 꿈을 꾸고 있을 때 고3 시작하자마자 아버지마저 돌아가셨습니다. 세상이 다 끝나는 것 같은 절망과 허무함을 느끼고 공부도 설렁설렁하다가 고려대 법대를 응시했으나 또 떨어져 시골집에서 빈둥거리며 놀고 있었는데, 저보다 7살 위인 형이 "너라도 공부 안 하면 우리는 망한다"는 절규에 그해 가을 여동생과 서울로 올라와서 제 평생 처음 코피 쏟아가며 치열하게 공부해 고대 사회학과에 입학했습니다. 대학에 다닐 때는 반정부 활동을 주도했다는 혐의로 중앙정보부에 연행되어 체중미달로 면제받을 수도 있었는데 징집되어 전방에서 근무했습니다. 군복무 중 오랫동안 사귀던 같은 학교를 다니던 여자 친구는 고무신을 거꾸로 신고.

◆ 국내외 활동 주요 로비스트   한국경제 2006.10.31

김진원   박동선   린다김   강귀희

어려서 염병으로 두 번씩이나 죽었다 살아난 약골이고, 작은 키 탓에 한 번도 반에서 1, 2번을 벗어나 보지 못하고, 거기다가 중학교 고등학교 대학교까지 번번이 떨어지고 부모님도 일찍 돌아가셔

돌봐야 할 동생들도 많고, 가난하고 어느 하나 편한 구석이 없었지만 어려움이 닥칠 때마다 큰 앞니로 아랫입술 굳게 깨물며 다짐했습니다. "절대 여기서 주저앉지 않겠다"고. 이런 어려움들을 헤쳐 나온 의지와 경험 덕에 지금 하고 있는 미국 오리건주정부 일을 다른 나라 대표들은 여러 번 바뀌었지만 저만 한국대표로 근 30년 넘게 하고 있습니다.

한국주재대표로 많은 업적을 이뤘다며 "야전사령관Field Commander"이라는 애칭과 명예시민권 특별상여금은 물론, 작년 여름 회의차 방문했을 때는 제가 원하는 한 계속하다가 아들에게 물려줘도 된다는 허락도 받았습니다. 오리건 주의 이익과 상충되지 않는 한 다른 일을 병행해도 된다고 해서 대학교수, KBS 라디오 시사프로 진행, 신문의 Columnist 때로는 친구와 사업도 하는 등 여러 가지 일을 동시 다발적으로 해봤습니다. 김영삼 대통령 때는 청와대로부터 "세계화시대"에 맞춤형 인재라며 국회의원 공천도 받았었지만 현재 하고 있는 일이 너무 좋아 며칠을 고민 끝에 반납하기로 했으나 제일 큰 걱정이 "어떻게 하면 달리는 호랑이 등에서 호랑이도 화나지 않고 나도 다치지 않게 내려오나?"였습니다. 당시, 이원종 정무수석과 강삼재 사무총장한테

심한 질책을 받고 미국으로 도피(?)차 갔을 때 공항에 마중 나온 미국친구가 "자동차 도매상보다 조금 나은 것이 정치인Politician is a little bit better than used car salesman"이라며 그만두기 잘했다는 말이 지금도 생생합니다. 항상, 다른 무엇인가를 해보고 싶다는 욕망이 있어 이번에는 "고대 명강사과정"에 도전했습니다. 이 과정이 제 인생의 새로운 탐험에 방법과 기회를 찾는 나침반 즉 또 다른 "신의 한 수"가 되길 기대합니다. 저는 스스로 이렇게 자기 암시를 합니다. 이만하면 촌놈치고 잘된 편이라고. 이 모든 것이 지하에 계신 부모님의 영혼이 돌봐주시는 덕이라고. 그래서 매일 아침 제 서재에 모셔둔 부모님 사진 앞에 청수 한 그릇, 향 하나 피워드리며 인사드립니다. 부모님께서 7남매나 되는 모든 자식들을 보살피기 어려우니 저를 통해 다른 형제들을 두루 살피라는 뜻이라고. 가끔 제 내자가 형제들의 어려움에 아는 척을 할 때 불평하면 이렇게 얘기합니다. "내가 그렇게 해야 부모님의 영혼 즉 '보이지 않는 손'이 우리를 돌봐주신다"고, "만약 내가 그 책임을 회피하면 내가 하는 일이 잘 안 풀릴 거"라고. 우리는 흔히 TV 연속극에서 온 가족 고생하며 한 자식 잘 가르쳐 놨더니 저만 잘살고 전연 다른 형제들을 모른 척할 때 배은망덕한 놈이라고 욕하는데 "내가 그런 축에 들면 되겠냐?"고. 제 인생의 모토는 나중에 아버지 어머니의 영혼을 뵐 때 "장하다, 네 형제들 돌봐가며 잘 살아줘서"라는 말씀을 듣는 것입니다. 그래서인지, 영화 국제시장의 주인공 황정민이 거의 마지막 장면에 자기 아버지 사진을 보며 "아버지예! 이만하면 잘 살았지예? 근데 진짜 힘들었거든예!" 하는 장면이 꼭 제 얘

기를 하는 것 같아 가슴이 먹먹했습니다. 그럼, 영화로 제작된 바
도 있는 다음의 실화를 예로 들며 제 이야기를 마치겠습니다.

"의지": Where there is a will, there is a way!

1972년 10월 12일 세
계의 지붕이라는 안데
스 산맥에 여객기 한 대
가 추락했습니다. 그 비
행기에는 칠레에서 우
루과이로 친선 럭비 경
기를 하러 가는 학생들
과 친지들 45명이 타고
있었습니다. 추락한 곳
은 해발 3,600미터 물
한 모금 풀 한 포기 나
지 않는, 낮에는 폭염과
밤에는 살을 에는 추운 곳이었습니다. 그곳에서 살아남은 사람들
은 두 부류로 나뉩니다. 신은 죽었다는 사람과 신은 지금 우리를
훈련시키고 있다는 사람, 절망하고 있는 사람과 구출되리라는 희
망을 가지고 있는 사람으로. 그러던 중, 추락한 지 일주일쯤 지나
어렵게 찾은 라디오의 리시버를 귀에 끼고 방송을 듣고 있던 친구
가 기상악화와 산이 너무 험준하고 광활해 수색을 포기한다는 뉴

스를 듣고 라디오를 내던지며 이제는 다 죽었다고 소리쳤습니다. 그때 한 친구가 분연히 일어서 외칩니다. "우리에게 기쁜 소식이 있다"고. 이제까지는 누군가가 우리를 구해줄 거라고 기다리고만 있었는데 이제부터는 우리 스스로가 우리 살길을 찾아볼 기회가 왔다고. 그리고는 건장한 젊은이 3명을 선발하여 동남쪽으로 가면 칠레가 있을 것이라며 내려보냅니다. 식량이 떨어져 죽은 친지들의 살을 훈제해 먹어가며 견디던 그들은 최악의 상황을 최선의 상황으로 바꿀 줄 아는 소신 있는 한 젊은 학생의 "굳은 의지" 덕에 비록 29명은 사망했지만 나머지 16명이 조난된 지 72일 만인 12월 22일에 구출되어 그해 크리스마스를 가족과 함께 보냈다는 감동적인 실화 "Alive"입니다.

도 명 수

동국대 도시행정학과 졸업(학사)

동국대 행정대학원 졸업(행정학 석사)

삼성그룹 공채 24기 입사 삼성생명 근무

대한주택공사 근무

대한주택공사 MVP상 수상

서울대 공기업 고급경영자과정 수료

현 LH공사(한국토지주택공사) 화성주거복지센터장

현 화성시 동탄노인대학 출강

고려대 명강사 최고위과정 수료

인성지도사 1급 자격

명강사 명강의 1급 자격

이메일: dmsknhc@lh.or.kr

연락처: 010-8884-1483

단어의 유혹

제1장 머리말

"지금 대한민국은 행복한 나라입니까?"라는 질문에 선뜻 "네, 행복한 나라입니다."라고 답하는 사람은 많지 않다. 여기서 한 가지 의문이 남는다. 지난 50년 동안 우리나라는 정치에서 민주주의와 경제에서 물질적 부라는 두 마리 토끼를 잡고 '한강의 기적'을 일군 세계모범국가라는 평가를 받고 있다.

그럼에도 우리가 행복하지 않다고 말하는 이유는 무엇일까? 결국 행복은 민주주의 발전과 경제적 부가 전부가 아님을 암시한다. 조직에서도 마찬가지다. 급여나 후생복지 등 근무환경이 과거와 달리 충분히 향상되었음에도 나를 비롯한 조직구성원 대부분이 행복하지 않다. 그것은 지나친 경쟁과 약육강식논리가 횡행하는 조직문화에 근원적 이유가 있다.

이로 인해 조직에 몸담은 사람들이 과거의 가난에서 벗어나 물질적 풍요를 누리고 있음에도 그들의 조직생활은 순탄해 보이지 않는다. 나도 예외는 아니어서 지나친 경쟁에서 오는 강한 박탈감이나 상호비방으로 얼룩진 조직풍토에서 심한 병을 앓기도 하고 이를 극복해나가는 과정에서 상당한 애로를 겪기도 했다. 그러던 중 내 인생의 변곡점이 되었던 책 두 권을 읽게 됐다. 하나는 구본형 선생님의 『익숙한 것과의 결별』이었고, 또 다른 하나는 피터 드러커의 『프로페셔널의 조건』이었다.

이 두 권의 책은 내 삶에 일대 혁명을 가져다주었다. 구본형 선생님의 책 속에서 '모든 개인은 혁명할 수 있다.'고 역설하면서 '마음의 문을 열고 욕망이 흐르게 하라.'고 강조한다. 피터 드러커는 '한 인간이 40이 넘어서 자신의 삶의 의미를 알지 못하면 태어난 보람을 찾을 수 없다'고 역설한다. 그 이후로 책 속에서 새로운 삶을 찾을 수 있다는 사실을 깨닫고 많은 책을 읽기 시작했다. 놀랍게도 책을 읽으면 읽을수록 나의 병마는 사라지고 행복이 찾아오는 것을 느꼈다.

그러나 책을 통한 행복이 저자가 전하는 지식 습득과 더불어 저자가 사용한 단어의 올바른 선택이었다는 사실을 알면서 단어의 매력에 흠뻑 빠지게 되었다. 글자로 구성된 단어를 잘 사용하기만 해도 삶에 있어 멋진 꽃(병을 치유하고 행복을 얻는 일)을 피울 수 있다는 확신이 들자 단어가 주는 매력에 유혹되기 시작했다.

이때부터 책 속에 담긴 단어에 관심과 애정을 갖게 되고 글을 구성하는 단어들이 나의 삶을 새롭게 안내하자 그 단어들을 찾겠다는 결심을 하게 되었다. 이를 위해 국어사전 하나를 구입하여 그 속에 실린 16만 개의 단어들을 하나하나 읽기 시작했다. 2년에 걸친 작업 끝에 행복을 줄 수 있는 매력적인 단어 7,598개를 찾았다. 이 단어들을 정리하여 '행복사전'이라고 명했다.

행복사전에 실린 7,598개의 단어는 전체 5%에 불과했지만 단어가 행복을 전하기 위해서는 늘 가까이 있어야 했다. 그리고 단어들이 주는 행복도가 모두 달랐다. 이때 가장 행복을 주는 단어를 찾아 365행복수첩을 만들었다. 오랜 고민 끝에 만든 365행복수첩은 그토록 갈망하던 내 삶에 가장 큰 행복을 주었다. 그리고 이 기쁨과 환희를 많은 사람과 공유하고자 이 글을 쓰게 되었다.

제2장 365행복수첩

365행복수첩은 삶의 흐름에 비유하여 작성했다. 사계절의 한 해를 초년, 중년, 장년, 말년으로 나누고, 초년에 한국성(나의 고향), 나의 꿈, 생의 준거틀을 뿌리, 육체 그리고 정신에 담아 단어를 배열했고, 중년에는 삶을 지탱할 나의 이상향, 나의 나침반 그리고 생의 비타민을 모습, 행동, 활력이라는 주제로 배치했다. 이 단어 속에서 두 아들을 얻었다. 바로 뿌육정과 모행활(두문자가 남자이름)이 그들이다.

나이가 점점 들어가면 과거의 경험과 지혜를 바탕으로 새로운 시각에서 세상을 바라보게 된다. 장년에는 나의 아바타와 내 보금자리 그리고 신천지를 향해서라는 의미를 관계, 보물, 미래와 연관되는 단어들로 나열했고, 말년에는 삶의 끝에 어울리는 추억, 나눔 그리고 자연을 아련한 과거와 베푸는 삶 그리고 생의 종착역에 맞는 단어들을 담았다.

여기의 핵심은 나눔이다. 그것이 물질이든 지식이든 결국 생이 끝나기 전에 모두를 나누어주고 장 쟈크 루소가 말했듯이 자연으로 돌아가는 것이 삶이라 생각한다. 이 단어 속에서 예쁜 두 딸을 얻었다. 관보미와 추나자(두문자가 여자이름)가 그녀들이다. 두 아들로부터 얻는 182개의 단어와 두 딸로부터 받은 184개의 단어가 주는 행복은 새로운 삶의 지평을 열어주었다.

초년

1월: 뿌리(한국성)

1	개천절	9	명절	17	선비	25	태극
2	구정	10	무궁화	18	신토불이	26	한겨레
3	국보	11	미풍양속	19	애국가	27	한글
4	금수강산	12	백두대간	20	얼	28	화랑
5	단군	13	백두산	21	우리	29	홍익인간
6	대한민국	14	백의민족	22	정	30	효
7	동방예의지국	15	삼천리	23	조국	31	흥
8	명당	16	상부상조	24	추석		

2월: 육체(나의 꼴)

1	가슴	9	도보	17	발	25	정력
2	간	10	두뇌	18	백미	26	체력
3	건각	11	땀	19	뼈	27	피
4	건강	12	머리	20	살	28	회춘
5	고동	13	몸	21	손	29	힘
6	기운	14	미인	22	숨		
7	농염	15	박수	23	심장		
8	눈	16	박장대소	24	얼굴		

3월: 정신(생의 준거틀)

1	가치관	9	기개	17	성실	25	절제
2	감성	10	끈기	18	성찰	26	정념
3	강점	11	능동	19	신념	27	정직
4	계몽	12	도덕	20	원칙	28	중용
5	계발	13	목적의식	21	인격	29	진리
6	균형	14	몰입	22	인내	30	진실
7	극기	15	반성	23	자아실현	31	청렴
8	긍정	16	사색	24	잠재력		

중년

4월: 모습(나의 이상향)

1	군자	9	영웅	17	자수성가	25	출세
2	귀감	10	영재	18	주역	26	충신
3	대기만성	11	왕	19	지도자	27	쾌남
4	명관	12	위인	20	천재	28	풍운아
5	명필	13	유망주	21	천하일색	29	현인
6	박사	14	인재	22	청백리	30	호걸
7	성인	15	일류	23	청출어람		
8	애국자	16	자선가	24	총아		

5월: 행동(나의 나침반)

1	개선	9	신화	17	정의감	25	패기
2	결단	10	야망	18	직관	26	포부
3	대담	11	열정	19	진취	27	확신
4	도전	12	용기	20	집념	28	활동
5	동기부여	13	일취월장	21	추진력	29	혁신
6	박력	14	의지	22	쾌거	30	혁명
7	백절불굴	15	자부심	23	탁월성	31	호기심
8	사기	16	적극	24	투지		

6월: 활력(생의 비타민)

1	경사	9	명랑	17	성공	25	재미
2	글	10	미소	18	슬기	26	춤
3	기쁨	11	보람	19	승리	27	취미
4	낭만	12	복	20	여유	28	풍요
5	놀이	13	부	21	오복	29	행운
6	독서	14	비결	22	웃음	30	휴식
7	돈	15	산책	23	음악		
8	매력	16	생기	24	일		

장년

	7월: 관계(나의 아바타)							
1	감사	9	만남	17	약속	25	정성
2	감정이입	10	배려	18	양보	26	축하
3	격려	11	보은	19	용서	27	친절
4	겸손	12	봉사	20	유대감	28	칭찬
5	경청	13	상담	21	유종지미	29	포용
6	공감	14	설득	22	유연성	30	협동
7	공명	15	솔선수범	23	융화	31	후원
8	관포지교	16	신뢰	24	의리		

	8월: 보물(내 보금자리)							
1	가족	9	만수무강	17	생일	25	집
2	가훈	10	명문	18	수신제가	26	책
3	결혼	11	명예	19	스승	27	천사
4	고향	12	모정	20	아내	28	축복
5	그리움	13	미덕	21	애정	29	한마음
6	다정	14	백년해로	22	양심	30	행복
7	동반자	15	벗	23	온유	31	화목
8	마음	16	사랑	24	우정		

	9월: 미래(신천지를 향해)							
1	개척	9	발명	17	선진	25	탐험
2	꿈	10	번영	18	소원	26	통일
3	날개	11	복지국가	19	예언	27	평등
4	다양성	12	부흥	20	운명	28	평화
5	등불	13	상상	21	인류	29	혜안
6	디자인	14	서광	22	자유	30	희망
7	문명	15	선견지명	23	지상낙원		
8	민주주의	16	선구자	24	창의		

말년

10월: 추억(아련한 과거)

1	감격	9	명언	17	상아탑	25	은인
2	거북선	10	모교	18	선배	26	좌우명
3	고객	11	민족혼	19	순국선열	27	청춘
4	금강산	12	변경연	20	신혼	28	초가집
5	동창	13	보름달	21	애인	29	편지
6	맛	14	불사이군	22	어머니	30	한라산
7	멋	15	불세출	23	여행	31	훈장
8	명심보감	16	상	24	연애		

11월: 나눔(베푸는 삶)

1	구원	9	산화	17	역지사지	25	자선
2	기여	10	살신성인	18	원조	26	정담
3	기부금	11	선린	19	위문	27	찬조
4	밀알	12	선행	20	음덕	28	헌신
5	박애주의	13	시혜	21	이바지	29	헌혈
6	보시	14	십시일반	22	이심전심	30	희생
7	부조	15	안배	23	이타주의		
8	분배	16	알선	24	자비		

12월: 자연(생의 종착역)

1	공기	9	배산임수	17	산소	25	열매
2	길	10	별	18	샘	26	우주
3	꽃	11	보석	19	섬	27	은하
4	나무	12	봄	20	숲	28	태양
5	달	13	불	21	싹	29	하늘
6	땅	14	뿌리	22	씨	30	향기
7	물	15	사군자	23	알	31	흙
8	바다	16	산	24	양지		

제3장 단어의 효과

그러면 이 단어들이 어떻게 행복을 가져다주는 걸까? 나는 이것을 단어의 효과라고 말한다. 효과가 있기에 우리는 행복할 수 있는 것이다. 행복을 주는 이유는 다음과 같다.

1. 효과가 발생하는 이유

단어의 효과가 발생하는 이유는 인간이 생각하는 동물이기 때문이 아닌가 한다. 시각을 통해 만나게 된 단어는 뇌를 통해 상상을 유도한다. 뇌는 과거의 경험을 바탕으로 다양한 자료를 축적해 놓았다. 이 상황에서 단어가 시각을 통해 입력되면 과거의 기억과 연상작용을 일으키게 된다. 나는 이것을 추억의 회상이라고 말한다. 단어는 뇌에 축적된 추억을 회상시키고 연상작용을 통해 이를 형상화하는 것이다. 여기서 뇌의 중요한 작동방식을 이해해야 한다. 좋은 추억을 회상시키는 매력적인 단어 즉 행복을 느끼는 단어는 뇌에 긍정적 호르몬을 분비시켜주고 나쁜 추억을 회상시키면 부정적 호르몬이 분비된다는 사실이다.

이런 이유로 지나간 시간 동안 가능하면 좋은 추억을 많이 축적할 필요가 있다. 그러면 행복을 느끼는 단어는 연상작용을 통해 강력한 힘을 발휘하게 된다. 매력적인 단어가 멋진 추억과 조우하면 뇌는 황홀한 기쁨에 빠져 긍정적 호르몬 배출을 통해 행복감을 연출한다. 또 하나 단어는 도미노현상을 일으킨다. 어떤 한 현상이 주변의 현상에 영향을 미치는 상태를 도미노라고 하는데 단어에도 이 현상을 찾아볼 수 있다. 매력적인 단어에 지속적으로 몰입하면 효과가 누적되어 행복을 배가시켜준다.

2. 단어들이 주는 효과

단어들이 주는 효과는 세 가지 관점에서 이야기할 수 있다.

먼저 나 자신에게 오는 효과이다. 멋진 추억을 떠올리는 단어들을 보면서 그 의미를 곱씹는 과정을 통해 건강한 육체를 만들 수 있다. 건강한 육체는 건강한 정신과 불가분의 관계가 있다. 즉 건강한 육체는 건강한 정신에서 비롯된다는 말이다. 건강한 정신을 해치는 가장 큰 원인은 스트레스다. 이 스트레스 모두를 없앨 수는 없지만 줄일 수는 있다. 멋진 추억을 연상시켜주는 단어에 빠지다 보면 스트레스를 확연하게 줄일 수 있으며 이것이 궁극적으로 건강한 육체를 만드는 데 기여한다. 나는 365행복수첩을 통해 매일 날짜별로 배치된 단어를 보면서 연상작용을 통해 정신뿐만 아니라 육체적 건강을 확연하게 제고시켰다.

화를 잠재운다. 삶에서 화를 모두 거둬들일 수는 없다. 하지만 화를 수면 밑으로 잠재울 수는 있다. 행복감을 주는 단어는 부정적 호르몬인 아드레날린 발생을 저지하며 엔돌핀이나 세로토닌 등 긍정적 호르몬 생성으로 화의 원인을 차단하여 화를 누그러뜨린다. 인간은 인지학습의 대가이다. 365행복수첩과 함께하면 어느 날 화가 사라지는 자신을 보고 놀라게 된다. 또한 긍정적 에너지의 원천이다. 심리학 용어에 '플라시보 효과placebo effect'가 있다. 밀가루로 된 약을 처방해줘도 의사를 신뢰하면 의사를 믿지 않는 경우보다 훨씬 효과가 크다는 것이다. 매력적인 단어는 바로 심리학에서 말하는 '플라시보 효과'를 가지고 있다. 의사에 대한 신뢰가 없더라도 단어가 행복을 준다는 믿음을 통해서 말이다.

둘째는 가정에서의 변화이다. 가정이 화목해진다. 물질적 풍요가 가정의 평화를 보장해주지는 못했다. 가정폭력이 주변에 난무한다. 매력적인 단어와 함께하면 사람의 모습과 태도를 바꾸어 놓는다. 내가 그랬다. 아내와 자식에 대한 시각을 완연하게 바꾸어 놓았다. 가정은 부드러운 대화의 장소로 변하고 아내와 자녀에 대한 관심이 고조되면서 일과 가정의 균형Balance of Work and Life이 이루어졌다. 아내와 자녀들로부터 변화된 나의 모습을 듣게 되었다. 이러니 부부싸움은 자연히 사라졌다. 이 때문에 단어의 유혹을 통해 사회적 이슈가 되고 있는 이혼문제도 획기적으로 줄일 수 있는 해결책이 되리라 확신한다.

자녀교육에 미치는 효과도 탁월하다. 인성교육은 가정에서부터 출발해야 한다. 부모들이 매력적인 단어를 통해 아이들에게 긍정적인 말을 던져준다면 이 문제는 충분히 해결될 수 있다. 나아가 오늘날 참교육이 무엇인지를 자녀들에게 알려줄 수 있다. 부모는 자녀의 거울이다. 매력적인 단어로 솔선수범하는 부모로 거듭난다면 가정교육이 국가 생존을 위한 백년대계의 기초가 되기에 충분하다. 이런 사실을 직시하면 매력적인 단어의 사용이 교육의 필수이며, 이를 알리는 일을 더 이상 늦춰서 안 된다는 확신을 갖게 한다.

마지막으로 조직에 미치는 영향이다. 일단 인간관계가 원만해진다. 조직에서 가장 중요한 버팀목은 원만한 인간관계다. 하지만 원만한 인간관계를 유지하기가 만만치 않다. 우리 속담에 '가는 말이 고와야 오는 말이 곱다'는 말이 있다. 의사소통의 기본을 표현한 속담이지만 매력적인 단어의 사용이 이를 잘 표현한다. 인간관계의 폭을 넓히는 데 긍정적인 말을 아무리 강조해도 지나치지 않다. 긍정적인 말이 입을 통해 나타난 결과라면 그 원인은 이를 뒷받침해줄 매력적인 단어의 사용이다. 매력적인 단어를 마음에 품을수록 인간관계 형성을 위한 기본적 자질을 갖고 있다고 할 수 있다.

사람은 누구나 존경받기를 원한다. 하지만 존경받기가 만만치 않다. 꽃에는 향기가 있어야 한다고 말한다. 사람도 마찬가지다. 향기가 있어야 멋있다. 그리고 존경받는다. 사람에게 향기를 품게 하는 것이 바로 매력적인 단어의 사용이다. 나는 이것을 GIGO라고 표현한다. 즉, Good In Good Out 또는 Great In Great Out이란 말이다. 결국 타인에 대한 존경심은 매력적인 단어를 품고 이를 향기 나는 말로 연결해주면 된다. 결국 남을 행복하게 해주는 말이어야 내가 존경받을 수 있다. 이것이 매력적인 단어의 세계에서 펼쳐지는 놀라운 진실임을 안다면 단어의 유혹에 빠지는 일은 매우 가치 있다고 말할 수 있다.

제4장 맺음말

　나는 언어학자는 아니다. 그러나 사람이 사용하는 단어의 올바른 선택이 삶의 전반에 지대한 영향을 줄 수 있다는 사실은 경험적으로 체득했다. 이 글의 내용이 과연 그럴 수 있을까라는 의문을 해소시키는 방법을 강구한 결과 강사라는 제2의 직업을 선택하게 되었다. 매력적인 단어의 탁월한 선택은 아무리 강조해도 지나치지 않다. 인간은 기억의 보고이다. 특히 세월이 지날수록 기억은 더욱 축적된다. 자신에게 좋은 기억을 회상(나는 이것을 추억의 회상이라고 한다)하여 긍정적 감정을 유발하는 신체적 메커니즘이 존재하는 한 단어들은 반드시 행복을 창출해 준다는 확신에 변함이 없다.

　지금 고려대 명강사 최고위과정을 마치게 된 배경도 이와 무관치 않다. 사람들은 이런 단어들이 무슨 근거를 통해 효과를 발휘하느냐고 의아해할 것이다. 이런 사람들을 설득하기 위해서는 명강사의 자질이 필수라는 생각이 들었다. 이미 이 과정으로 명강사

반열에 진입했다고 생각한다. 앞으로 많은 강의를 통해 나의 독특한 체험을 전할 것이다. 특히 단어는 널리 주어져 있다. 스스로 선택하는 데 아무런 제한이 없고, 비용이 드는 일은 더더욱 없다. 다만 자신이 행복한 단어를 선별하는 시간적 노력만 들이면 된다. 그리고 단어를 항상 지닐 수 있는 도구를 찾으면 된다. 나는 그 수단을 365행복수첩으로 하였다.

지금껏 그래왔듯이 앞으로도 '단어의 유혹'을 주제로 많은 강의를 통해 세상을 바꿔나갈 것이다. 자신이 살아온 멋진 삶이 존재하는 한 필히 감동과 희망을 품은 멋진 추억의 단어는 누구나 있고, 그 단어들로 하여금 인간이 염원하는 행복에 탁월한 효과가 있다는 신념을 결코 버릴 수 없다. 따라서 이러한 신념으로 강의를 매개체로 하여 많은 사람과 이야기를 나누다 보면 그들의 삶에 새로운 세상을 갖게 하고 그로 인해 세상이 나를 주목하리라 확신한다.

이 순 이

현재: 사회복지법인 효샘 대표이사

고양노인복지센터와 은빛사랑채 노인주야간보호시설장

고양시생활보장 위원, 국가치매관리위원

한국치매가족협회 고양지회장

법사랑위원

고양파주지역연합회 · 보호관찰위원협의회 감사

자격증: 사회복지 1급 및 간호조무사, 보육교사 1급, 성폭력 · 가정

폭력상담사, 심리상담사

경력: 고양시공무원 정년퇴직

사)한국재가복지재단 회장

고양시 소규모노인종합센터 시설장

고양우리집노인공동생활가정 시설장

수상: 행정자치부장관상, 보건복지부장관상 수상

학력: 명지대 지방자치대학원 사회복지학과 졸업(사회복지학 석사)

이메일: leesoon33@naver.com

연락처: 010-3873-5090

100세 시대
3모작 인생은 필수

끝, 시작 그리고 도전

사회복지법인 효샘의 대표이사로서 고양노인복지센터와 고양시 은빛사랑채 주야간보호센터 시설장을 겸직하고 있다.

고양시보건소에서 젊음을 불살라 나와 자식을 위한 삶을 살다 세월에 떠밀려 33년 공직생활을 정년퇴직한 나의 2모작 인생은 사회복지사업에서 행복과 보람을 안고 산다. 그런데 2모작 인생이 마지막인 줄 알았는데 고려대 명강사 최고위과정은 인생 3모작이 있다고 알려주었다.

나와 가족을 위한 삶

(1) 무면허간호사

60년대 극변하는 우리나라는 산부인과 3년 근무하면 조산원을 개업할 수 있는 제도가 있어 무면허 간호사로 병원근무를 시작하였으나 제도는 곧 소멸되고 독일에 간호사와 광부를 파견하여 경제 발전에 기여하던 시기다.

학생 간호사는 독일서 5년 근무 후 우리나라에서 간호사 면허를 준다 하여 응시하고 필기시험에 합격하여 소원의 문을 열게 되었다. 그러나 행운의 신은 얄밉게 나를 조롱했다. 건강검진에서 폐결핵이란 진단을 받아 눈물을 머금고 간호사로의 삶을 멈추어야 했다

때론 '왜 하필이면 나란 말이지' 하며 자신에게 물어보고 분노도 해보곤 했다. 지금 같으면 쉬쉬할 일도 아니지만 전염병이라 남에게 피해를 줄까 많이 내 스스로 조심했다. 현재 폐의 흉터는 그때 삶의 훈장으로 남아 있어 건강관리에 더욱 관심을 가지고 살게끔 하고 있다. 누구보다 몸과 마음이 건강한 삶을 살게 됨은 그 시절 겪은 경험이 나의 건강을 뒷받침하고 있기 때문이라고 생각한다.

부처님 보왕삼매론 한 구절은 "몸에 병 없기를 바라지 말라. 몸에 병이 없으면 탐욕이 생기기 쉽다."라고 말씀하신다. 그래서 성인 말씀이 병고로 양약을 삼으라 하셨다를 항상 맘에 새기며 지금도 주변 모두에게 건강 메시지로 전달하며 산다.

(2) 고양시 보건요원

보건소(공무원) 근무 중

보건복지부에서 가족계획, 모자보건, 결핵 관리 사업보건요원을 모집하는데, 전국 각지의 합격자는 합숙하며 9개월 교육을 마치고 간호조무사자격증을 주어 각 시·군·구 보건소에 발령했다. 나는 고양시에 보건요원으로 1970년 3월 1일부로 중면사무소에 근무하게 되었다. 병원생활에서 기숙하던 내게는 모든 게 새롭고 즐거운 일상생활이었다. 내 생활이 없었던 내게는 출근, 퇴근이란 창살 없는 감옥을 탈출하여 자유의 몸이 된 행복감에 세상이 다 내 것 같았다.

(3) 새 생명이 지금은

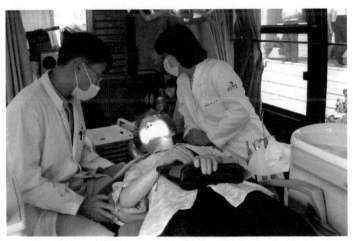

무료 이동 진료(치과) 서비스

병원 근무 경력 때문에 모자보건 업무를 맡게 되었다. 지금 생각해보면 말도 안 되는 위험한 일들을 겁 없이 한 것 같다. 자전거 뒤에 매달려 유니세프 키트를 들고 산고의 임산부집을 방문하여 새 생명을 내 손으로 세상에 나오게 하는 일이다.

임산부 산전·산후 관리는 유니세프에서 주는 영양제 투여 및 복약 지도, 아기 위치 보기 등 가정방문으로 이루어졌다. 영유아 예방접종(결핵, 소아마비, 백일해, 디프테리아, 홍역 등)과 성인 법정전염병 예방접종(장티푸스, 콜레라 등)을 위해 가정 방문하고 유행 시 기차정거장에서도 실시하고 영양이 부족한 아이는 영양제 전달을 하는 등 발로 뛰었다.

그 아이들은 지금 어떤 모습으로든 누구의 엄마로, 아빠로 행복한 가정을 꾸리고 있으리라 생각한다. 고양시가 그 시절에 비하면 천지가 개벽하게 변하고 인심도 야박해지고 더더욱 개인정보 규정에 묶여 버린 지금이 그저 안타까울 뿐이다.

현재 나는 60~70년대 혜택을 받은 유니세프에 적게나마 후원하고 있으며 그 단체에 무한한 고마움을 느낀다.

(4) 현대판 내시촌

정부는 밥 먹는 입을 줄이자고 가족사업을 활발하게 펼쳤다. 슬로건은 둘 낳기 권장에서 한 집 건너 하나 낳기로 진행하는 동안 사업은 성공적으로 목표가 달성되어 종결되었다. 피임 방법으로 여자는 피임약 복용, 자궁 내 장치 복강경을 통한 난관 절제수술 등을, 남자는 기구 사용, 정관 절제 수술 등을 권장하면서 가족계획사업 업무를 하였다.

사실 내 양심엔 권장하고 싶지 않았다고 고백하고 싶다. 왜냐하면 신이 준 자연의 이치를 거스르는 행위였기 때문이다. 그러나 수술 실적 때문에 감언이설로 수술하게 했다. 지금도 생생한 것은 가족계획업무 처음에 정관 수술하겠다고 자발적으로 방문한 사람에게 수술하지 말라는 말을 못 하고 미안해하던 내 모습이었다. 불임 수술한 사람에게 아파트 우선 분양권은 신종 내시촌이 형성되는 상황이었다.

그 당시 가족계획 어머니회는 새마을부녀회로 명칭이 변경되어 마을마다 새마을사업이 활발하게 전개되었다.

(5) 가족을 위한 삶

보건소 보건직으로 직책이 바뀌면서 보건행정 업무로 예방의약 팀장을 끝으로 정년퇴직을 하였다. 지금 보건복지부에서 저출산 고령화 때문에 국가가 고심하는 교육을 받으며 70~80년대 가족계획사업을 했을 때를 생각하면서 출산율을 높이는 묘안은 가족계획 반대사업을 하면 되지 않을까 하는 생각하며 혼자 아이러니한 미소를 지어본다.

공직생활 동안은 가족을 위하고 자녀농사를 짓느라 업무를 벗어나 남을 돌아보지 못하고 정신없이 보낸 세월이라 생각한다. 집안 형편이 모두 기울어 버렸던 절박한 세월도 있었다. 딸이 대학에 입학하고, 다음 해 아들이 의대에 합격한 후엔 할 일을 다한 것 같은 후련함에 나를 위한 설계가 필요했다.

아이들 학자금은 공무원연금공단에서 무이자로 10년 대출받을 수 있어 가르칠 수 있었다. 지금은 선생님이 된 딸과 소화기내과 의사 아들 모두 결혼 잘해서 손자 손녀 병아리들을 쳐다보며 산다. 앞으로는 더 많이 도움을 필요로 하는 곳을 찾아 일을 많이 해야 한다 생각하며 주변 모두에게 항상 감사하며 산다.

(6) 퇴직 후 설계

아이들이 대학에 들어가니 내가 서 있는 자리를 떠날 시간이 눈앞에 보였다. 그래서 퇴직 후 초야에서 동양란과 꿀벌을 기르며 어린 시절에 놀던 그곳에서 노후를 보내자는 계획을 세웠고 방송통신대학 농학과를 졸업했다.

하지만 세월은 점점 나를 압박하며 그 자리에 머물게 하지 않았다. 정말 무엇을 할 것인가 싶어 봉사 아니면 재취업 중 많은 고민 끝에 봉사활동을 하기로 결정하였다. 그리고 봉사를 하고자 준비하자는 생각에 재직 중 사회복지 대학원을 졸업하고 사회복지사 자격증을 받고 자신이 생겼다.

공로연수로 6개월 쉬는 동안 재가노인복지센터에 봉사해 달라는 시청의 요청을 받아 개인이 운영하는 가정봉사원파견센터 시설에 봉사를 시작하게 되었다. 시간이 갈수록 안정되고 변화하는 사무실 분위기에 나는 만족스러운 시간을 보냈다.

사회복지사업에 입문
(1) 준비

6개월 후 퇴직한 다음 날, 봉사하던 개인이 운영하는 재가노인 복지 가정봉사원파견센터에 시설장으로 근무하게 되었다. 사회복지사 자격증을 바로 사용하게 된 셈이다.

　하는 일은 기초생활수급 독거어르신을 방문하여 그분들의 고통과 욕구를 사정한 후 계획에 의해 필요한 자원을 발굴하여 전달해 드리면 어르신들이 행복해하는 모습에서 힘든 줄 모르고 보람을 느끼며 즐거운 일상을 보냈다.

　준비한 자에게 기회가 있다는 말은 나를 두고 하는 말 같다.

(2) 한 가족

　지역 고등학교와 어르신의 일대일 결연사업을 추진하는데, 이는 학부모와 학생이 함께 참여하는 사업으로 매월 2회 방문하여 어르신의 손주와 딸 며느리로 한 가족이 된다. 아빠, 동생 가족 모두가 참여하고 엄마는 봉사자로 시작하는데 학생은 어르신을 보며 부모에게 효도하겠다고 다짐하게 된다.

　그린벨트 지역 내 어르신들은 대다수가 비닐하우스나 쪽방, 컨테이너에 사신다. 비닐하우스 집을 철거하고 군부대를 지원받아 컨테이너로 바꿔드리며 잔치했던 일, 전깃줄을 쥐가 뜯어 놓아 수시로 전기공사를 했던 일, 겨울에 보일러 터졌던 일, 수도 동파로 물을 길어다 드리는 일 등 지난 일들이 주마등처럼 스친다.

(3) 프로포절의 위력

저소득 식사배달

아산복지재단, 공동모금회 도시락 배달사업에 선정되어 힘들고 즐거운 시간을 보내는 동안 2년을 지자체 지원 없이 잘했으므로 지자체 예산을 지원받아 계속 어르신들에게 행복한 도시락을 현재까지 85분 어르신에게 주 3회 전달하고 있다. 프로포절에 선정되지 않았으면 오늘날 도시락 배달사업은 할 수 없었을 것이다. 지금 생각해도 자랑스럽다.

(4) 모두를 내려놓으니

최선을 다하니 어르신들이 행복하시고 우리 또한 보람된 시간이 지나가고 있을 즈음, 가정봉사원파견센터 사업 예산을 개인에게 지원할 수 없으니 폐업을 하든 법인을 설립하든 하라는 보건복지부의 결정이 내려왔다.

어르신 나들이

폐업하면 현재 서비스를 받던 150여 명의 어르신들을 위한 모든 것이 중단된다. 어르신들이 눈에 밟혔다. 고민 끝에 시·도와 의 논 후, 법인을 내가 설립하기로 결정하게 되었다. 물론 가족은 반 대다. 그간 고생하였으니 이제 쉬라는 말을 하면서 말이다. 주변 지인들조차도 쉬라는 의견으로 몰아갔다.

그러나 나는 모두를 내려놓으니 길이 보였다. 건강하게 정년퇴 직을 하게 되었고 자식농사도 비교적 마무리를 잘했다고 생각되고 고양시 지역사회가 나를 도와준 덕분에 오늘의 내가 있고 내 아이 들이 있다는 생각이 들었다.

그래서 고양시 지역사회에 빚을 갚는 맘으로 버리고 비우는 것 을 실천하려고 가족과 지인들의 반대에도 불구하고 법인을 설립하 였다. 물론 경제적으로 많이 힘들었지만 우리는 즐겁게 어르신과 행복했던 나날에 보람을 느끼며 지냈는데, 2005년 지방분권화 정책으로 사회복지가 흔들리기 시작했다.

(5) 2008년의 밀물

어버이날 경로잔치

그런 과정에도 우리 법인은 보조금으로 복지사업을 펼쳐나갔다. 가정봉사원파견센터, 소규모 노인복지센터, 주야간보호 365사업, 노인공동생활가정, 종합사회복지관 수탁 등 지역사회복지 전반에 참여하고 있다.

2008년 6월 30일 이전 예산은 전액 국고와 지방비 지원이었으나 2008년 7월 1일 노인장기요양보험 실시로 복지사업이 아닌 수익사업으로 전환되어 노인복지사업 현장은 좀 혼란한 상황이 되었다.

보건복지부가 장기요양사업은 수익이 된다고 홍보하여 개인 시설들이 밀물처럼 밀려들어 빌딩 하나 건너 요양시설, 방문요양센터 등 간판을 볼 수 있게 되었다. 지금 우리 법인은 고양시 지역사회 복지를 위한 사업에 전 직원이 최선을 다하는 모습에 고양시에서 인정받는 단체로 자리매김했다.

삼모작인생

(1) 행운의 가면

고려대 명강사 최고위과정을 거쳐 강사로 준비하고 있으면 내게 역할이 주어질 날이 올 것이다. 우리 법인 발전을 위하여 희생과 봉사로 기여한 직원을 위한 복지와 자녀들을 위한 장학재단을 설립하는 데 삼모작 인생을 계획했다.

목표 달성을 위해 노인 양로시설과 장기요양보험의 노인 요양시설을 건립해야 한다. 이를 위해 명강사로 도전하고자 한다. 행운은 준비된 사람에게 우연이라는 가면을 쓰고 찾아오는 법이라고 했듯이.

(2) 캘비, 소매틱

(주)퀀텀에너지 광물계 소마티드 캘비와 식물 소마티드 소매틱 식품은 세계 최초로 원천 개발한 세계 최고 힐링 다기능의 산업용 소재원료와 제품으로, 우리나라 사람이 원천 개발하여 세계 특허를 득한 신소재로 빛을 볼 날이 머지않았다고 생각한다.

삼모작 인생은 (주)퀀텀에너지의 캘비와 소매틱이 세상에 널리 알려지는 날 성공의 깃발을 날릴 것이다. 퀀텀에너지 힐링 신소재로 그림 같은 최고의 요양시설을 지어 어르신들이 생애 마지막을 행복하게 생활하는 공간이 되도록 할 것이다. 요양시설이 현대판 고려장이라 항간에서 말하지만 최고의 서비스 제공으로 가장 즐거운 시간들이었다는 추억을 간직하시게 할 것이다.

(3) 은빛정원

칠순 팔순 잔치

은빛 어르신 누구나 올 수 있는 힐링 공간을 만들어 은빛 어르신들만의 행복한 장소가 되게 할 것이다. 내 손으로 먹고 싶은 음식과 차 등을 만들어 먹으며 도란도란 남은 삶과 지난 세월을 이야기하며 누구에게도 짐으로 살지 않기 위해 건강을 관리하는 장소가 되게 할 것이다.

(4) 연습

인생을 살면서 얻은 부귀영화를 모두 내려놓는 연습을 해야 한다. 100세 시대에 사는 우리는 마음을 비우고 가진 것을 버리면 떠나는 길도 홀가분할 것이다. 이 좋은 세상 건강하고 오래 살기 위해서라도 비우고 버리는 연습을 해야 한다고 생각한다. 아무것도 가져가지 못하기 때문에 마지막 입는 수의에 주머니가 없다 하지 않던가?

정년퇴직하여 사회복지사업을 시작할 때 세상에 도움 받으며 살아온 주변에 조금이나마 빚을 갚으려 모두를 내려놓은 그 순간의 선택에 대해 지금도 내 자신에게 칭찬하고 싶다. 삼모작 삶의 계획을 실행하는 데 느긋해지는 내 자신을 초심으로 채찍질하며 사는 요즈음은 정말 행복하다.

3모작 삶은 버리고 비우는 연습으로 마감하자 다짐한다. 내 손으로 찻잔을 들고 창가에 앉아 차를 마시고 저녁 잘 먹고 눈 감기를 기원한다.

김 두 현

ROTC 24기 4대 회장

제76보병사단 작전참모, 제3군단 작전과장, 서울과학기술대학교 학군단장

건국대학교 경영학과 졸업(경영학사)

전남대학교 행정대학원(정책학 석사)

국민대학교 일반대학원 정치외교학과(정치학 박사: 안보전략 전공)

상명대학교 국방정보학과 겸임교수

고려대 명강사 최고위과정 수료

사)세종연구소 청년아카데미 안보과정 수료

통일교육원 통일기반구축 전문가과정 수료

심리상담사 2급, 인성지도사 1급, 명강사 1급, 행정사

저서: 고려대 명강사 25시 공저, 북한의 핵위협과 해결방안, 독일통일과 군사통합과정 이해

논문: 정보화시대 병무행정과 병영정보화의 실태와 발전방안, 북한의 사이버전 위협분석과 대응방안 고찰, 낙동강 방어선에서 영천지구 전투에 관한 연구, 동서독 군사통합에 관한 연구

수상: 강원도지사표창, 서울과학기술대학교 총장표창, 국방부장관표창, 서울올림픽 기장, 30년 근속 휘장, 보국훈장 삼일장(국가유공자)

연락처: 010-5071-7695

이메일: kimdh0024@hanmail.net

북한의
핵위협과 해결방안

북한의 핵 개발의 의도와 목적은 무엇인가

왜 북한은 단 하나만으로도 대도시를 초토화시킬 수 있는 엄청난 위력을 가진 핵무기를 개발하려고 하는가. 그리고 왜 북한은 유엔과 국제사회의 강력한 압력에도 불구하고 한국과 미국에게 초강경 위협공세를 취하면서 핵무기를 보유하려고 하는 것일까. 그 이유는 북한이 최악의 상황하에서 꺼내들 수 있는 최후의 카드가 필요했고 그 카드가 바로 우리가 우려하는 핵무기이다. 따라서 본 글에서는 우리 국민들에게 북한의 핵위협과 해결방안에 대한 올바른 인식을 위해서 세 가지 목적을 제시하고자 한다. 첫째, 한국정부와 우리 국민은 북한이 핵무기를 개발하는 속셈과 의도에 대해서 알고 있는가. 둘째, 한국 정부와 우리 국민은 핵무기의 위력과 북한의 핵무기 보유와 위력에 대해서 정확하게 인식하고 있는가. 셋째, 한국은 북한의 핵위협에 대한 억제전략과 대응방안을 알고 있는가. 이와 같은 세 가지 목적에 대한 현 상황을 보면 다음과 같다. 첫째, 북한이 핵무기를 개발하는 속셈과 의도를 외교적인 측면, 대남관계 측면, 북한내부적인 측면으로 구분해서 보면 다음과 같다. 먼저 외교적인 측면에서 북한이 핵을 개발하는 목적은 냉엄한 국제관계의 구도에서 힘의 균형의 유지, 국가안보의 딜레마 해소, 미국과의 핵 협상카드로 활용해서 체제유지의 보장, 북한의 이해에 상충되는 미·중 간 전략적 타협에 유리한 상황을 조성하는 것 등이다. 대남관계 측면은 남북한 체제경쟁에서의 패배를 만회하고 남북한 군사력 경쟁에서 우위를 확보하고 대남 전력에서 군사력의 우위를 확보하고자 하는 것 등이다. 북한 내부적인 측면은 군부의 사기양양과 충성심 고취, 주민에게 강성대국의 위엄을 과시하고 북한의 세습체제를 유지하는 것 등이다. 두 번째, 핵무기의 위력과 북한의 핵위협에 대해서 보면, 핵무기가 개발된 이후에 지구상에서 사용된 사례는 단 한 번뿐이었으며, 그 결과는 제2차 세계대전 당시 패권국 미국에게 일본이 항복을 할 수밖에 없는 계기가 되었다. 그리고 핵폭탄 2발의 위력은 우리가 상상할 수 없을 정도로 컸으며 너무나 많은 사람이 고통 속에 죽어갔다. 그러나 많은 세월이 지난 지금 우리 국민의 대부분은 "1945년 8월 6일과 9일에 미국이 일본의 히로시마와 나가사키에 투하한 2발의 핵무기가 얼마나 많은 사람을 희생시켰는가"에 대해서 망각을 하고 있다. 그리고 북한이 최후의 카드로 핵 공격을 할 것인가에 대해서 대부분의 우리 국민들의 생각은 북한이 절체절명의 상황이 아니고서는 핵무기를 절대 사용하지 않을 것으로 예상하고 있다. 그리고 우리 정부와 관련 기관에서는 북한의 핵위협에 대해서 정확하게 인식을 하지 못하고 있다. 셋째, 북한의 핵무기 억제전략과 대응방안에 대해서 보면, 지금까지 우리 정부는 2자·3자·4자·6

자 회담 등 다양한 회담과 합의를 통해서 북핵문제를 해결하고자 노력을 해 왔다. 그러나 그때마다 북한은 합의를 깨면서 핵 능력을 강화해 왔다. 그러나 북한의 핵위협에 대한 우리의 억제전략과 대응방안은 미국에 의존하고 있는 것이 현실이다.

따라서 본 글에서는 핵무기의 위력, 북한의 핵실험 과정, 북한의 핵위협, 북핵 위협의 억제전략, 해결방안을 제시하고자 한다.

우리는 핵무기 위력에 대해서 알고 있는가

핵무기의 위력은 실제 핵무기를 사용한 사례에서 나타난 결과와 모의실험 결과를 제시하고자 한다.

첫째, 지구상에서 핵무기를 사용한 것은 단 한 번뿐이었다. 미국이 제2차 세계대전 종전시기인 1945년 8월 6일 히로시마에 투하한 핵폭탄 "리틀보이Little Boy"는 64kg의 고농축 우라늄으로 만든 원자폭탄이었다. 그리고 8월 9일 나가사키에 투하된 핵폭탄 "팻맨 Fat Man"은 6.3kg 플루토늄으로 만든 원폭으로 엄청난 파괴력이 실제로 검증되었으며, 히로시마의 경우 4개월 후까지 전체인구의 절반이 넘는 13만 5,000명이 사망했고 나가사키에서는 전체인구 19만 5,000명 가운데 6만 4,000명이 사망을 하였다. 사인은 핵폭풍에 의해 20%, 60%가 화상, 나머지 20%가 방사선으로 인해 치명상을 입었다. 이후에도 장기적으로 원폭피해가 원인이 되어 사망한 이들을 합치면 희생자는 히로시마에서만 모두 20만 명에 달한다. 이는 피폭자와 그 후손들의 후유증을 고려하지 않은 숫자로 20세기 최대의 참사였다.

둘째, 2004년 미국의 반핵단체 NRDC(천연자원보호협회: Natural Resources Defense Council)는 국방부 산하 국방위협 감소국DTRA의 컴퓨터 모델을 이용하여 '한반도에서의 핵사용 시나리오Nuclear Use Scenarios on the Korea Peninsula'라는 보고서를 작성하였다. 이 보고서에 의하면 북한이 미사일, 폭격기 등 다양한 경로로 동시에 공습하여 단 한 개의 핵폭탄만이 폭격에 성공하는 것으로 가정한 핵공격 피해 시뮬레이션을 한 결과로 15kt의 핵무기가 서울 상공에서 폭발시 예상 피해는 보면, 500m 상공에서 폭발시 사망인원은 62만 명, 100m 상공에서 폭발시 상공인원은 84만 명, 지면 폭발시는 125만 명이 사망하는 것으로 분석이 되었으며, 어느 날 갑자기 사랑하는 내 가족과 일가친척 모두가 핵폭풍과 열에 비참하게 최후를 맞는 비극이 올 수도 있다.

북한이 핵을 개발하는 이유와 핵실험 과정을 알고 있는가

북한이 경제적 빈곤과 국제사회의 압력에도 불구하고 핵무기를 개발하는 목적은 핵무기가 발휘하는 세 가지의 효율성 때문이며 그 이유는 다음과 같다.

첫째, 무시무시한 파괴력을 가진 핵무기가 가장 효율적인 살상무기이기 때문이다. 그 이유는 현재 핵무기의 위력으로 보면 장난감에 지나지 않는 2발의 핵폭탄이 패권국가 미국에 대항하여 싸웠던 일본의 항복을 받아내고 제2차 세계대전을 종식시켰다는 역사적 사실에서 그 이유를 찾을 수가 있다.

둘째, 핵무기는 우수한 경제적 수단이다. 그 이유는 단 한 발로 수천 대의 탱크나 수백 대의 전투기 또는 수십 개의 지상군 사단이 가지고 있는 파괴력을 발휘할 수 있다.

셋째, 핵무기는 효율적인 정치·외교적 수단이다. 핵무기는 힘의 상징이자 강대국의 표상이며, 가지고만 있어도 상대를 주눅 들게 만들고 국제정치에서 행동과 결정에 영향을 미친다.

이와 같은 위력과 효율성을 가지고 있는 핵무기는 군사적 무기이자 경제적 무기이며 동시에 정치·외교적 무기이다. 그렇기 때문에 북한은 국제사회의 압력하에서도 보물단지와 같은 핵무기를 끌어안고 정치적·외교적 협상카드로 활용하고 있는 것이다.

북한은 지금까지 4회의 핵실험을 하였다. 제1차 핵실험은 2006년 10월 9일에 1kt 규모의 핵실험을 하였다. 제2차 핵실험은 2009년 5월 25일에 2-6kt 규모의 핵실험을 실시하였다. 제3차 핵실험은 2013년 2월 12일에 6-7kt 규모의 핵실험을 하였으며 이는 1945년 히로시마에 투하되었던 핵폭탄 위력의 절반 수준으로 평가하고 있다. 2016년 2월 6일에는 수소탄 핵실험이 완전 성공을 하였다고 성명을 발표하였다.

북한의 핵 능력에 대해서 보면 다음과 같다. 먼저 북한은 3,000 여 명의 핵 전문인력을 보유하고 있을 것으로 추정하고 있으며, 영변 핵 시설에 핵 연료주기cycle가 완성되어 있는 것으로 분석하고 있다. 핵 연료주기는 핵 연료나 핵무기로 사용하기 위해서 우라늄을 채광해서 불순물을 제거하는 정련과정과 핵 연료를 만들기 위해서 변환을 하는 과정을 거쳐서 고농축 우라늄HEU: highly enriched uranium과 사용 후 핵연료를 재처리해서 플루토늄을 추출하여 핵무기를 독자적으로 만들 수 있는 기반체계를 의미하며 북한은 이 체계를 갖추고 있는 것으로 분석되었다.

그렇다면 북한이 핵무기를 보유했을까. 보유하고 있다면 핵무기의 양은 어느 정도일까에 대해서는 전문가들의 의견과 연구결과는 조금씩의 차이는 있다. 그러나 1970년대 중반부터 영변지역에 독자적인 핵시설을 건설하여 지금까지 생산한 플루토늄의 양은 대략 40~80kg 내외의 플루토늄을 추출한 것으로 판단하고 있다. 그리고 4차에 걸친 핵실험에서 다소간의 플루토늄을 사용했다고 가정하면 현재 40~50kg 정도의 플루토늄을 보유했을 것으로 추정해볼 수 있다. 그렇다면 4차에 걸친 핵실험에서 다소간의 플루토늄을 사용하였다고 가정하면 10기 정도의 핵폭탄을 제작할 수 있는 플루토늄을 보유하고 있을 것으로 추정해 볼 수 있다.

북한은 2013년 2월 12일 제3차 핵실험 후에 핵무기의 "소형화" "경량화" "다종화多種化"에 성공하였다고 발표한 바와 같이, 북한은 미사일의 직경(스커드-B의 경우) 1t을 초과하지 않는 핵무기를 소형화하는 데 성공하였을 가능성도 있다. 특히, 북한이 핵실험과 미사일 발사 실험을 병행해서 하는 이유는 소형화된 핵폭탄을 장거리 미사일에 탑재하여 발사를 하기 위한 의도로 판단하고 있다.

특히, 북한의 미사일 대부분은 한국의 전 지역을 타격할 수 있으며, 북한의 장거리 미사일은 알래스카(5,600km), 하와이(7,100km)까지 타격할 수 있으며, 미국의 워싱턴(10,000km 이상)도 타격할 수 있다. 그리고 최근에는 "잠수함 발사 탄도 미사일SLBM 개발을 착수했다고 발표를 했으며, 북한의 주장이 사실이라면 잠수함에서 핵미사일을 발사할 수 있다. 그리고 북한의 노동신문은 대륙 간 탄도 미사일ICBM 개발에 성공을 했다"고 발표를 했다. 이것이 사실이라면 북한에서 미국의 본토를 핵폭탄으로 공격을 할 수 있는 상황이 된 것이다.

이와 같은 북한의 미사일 위협은 극단적인 상황에서 "핵미사일"로 한국 또는 미국을 공격하겠다고 위협하거나 핵미사일로 공격하는 최악의 상황과 가능성도 배제할 수 없는 상황이라는 것을 인식해야 한다.

북한의 핵 위협을 억제해야 하는 이유와 방안은 무엇인가

우리가 북한의 핵위협을 억제해야 하는 이유를 4가지 측면에서 보면 다음과 같다. 첫째, 북한이 만에 하나 극단적이고 최악의 상황에서 한국을 상대로 핵무기를 사용하는 상황이 발생한다면 민족의 생존과 번영에 치명적 위협이 될 수가 있고, 한민족 전체를 공멸로 몰고 갈 수 있을 것이다. 둘째, 북한의 핵 개발과 위협은 유엔 안보리 결의를 위반하는 행위이며, 핵 확산 방지를 위한 NPTNecler nonproliferation treaty체제의 무력화와 국제사회의 핵 공포를 증가시키는 결과를 초래한다. 셋째, 북한의 핵무기 보유로 일본 등 주변국의 연쇄적 핵무장 가능성이 증가하고 경쟁적으로 군사력을 강화해서 동북아지역의 군사적 대립과 긴장이 고조될 것이다. 넷째, 북한의 무리한 핵개발은 국제사회 대북제재로 남북관계의 긴장이 고조되고 북한 경제의 파탄으로 북한 주민의 고통이 가중될 것이다. 이와 같은 4가지 측면에서 예상되는 위협과 불행을 사전에 예방하고 차단하는 측면에서 북한의 핵 개발과 핵위협은 반드시 억제가 되어야 한다.

북한의 핵위협을 억제할 수 있는 우리의 방안은 무엇일까. 현재

제기되고 북한의 핵 위협을 억제할 수 있는 방안은 다음과 같다. 첫째, 우리도 북한과 같이 핵을 보유하는 주장으로 핵무장론이다. 둘째, 한국에 미국의 전술 핵무기를 재배치하는 것이다. 셋째, 한미동맹체제하에서 미국의 MD의 보호를 받으면서 한국의 독자적인 억제능력을 향상시켜나가는 방안이다. 이와 같은 세 가지 방안 중에서 북핵에 가위눌려 살기 싫은 우리 국민 모두가 간절히 바라는 것은 한국의 핵무장론과 전술핵무기를 배치해서 북한의 핵위협에 대응을 하는 것이다. 그러나 한국은 핵확산금지조약 탈퇴도 불가능하고 핵무장은 더더욱 불가능하다. 그 이유는 동북아에서 주변국과 평화적인 관계 유지가 어렵게 되고 우리가 북한의 비핵화를 요구할 수 있는 명분을 잃게 되는 요인으로 현실적으로 불가능한 방안이다.

그렇다면 북한의 핵 위협을 억제할 수 있는 현실적인 방안은 한미동맹체제하에서 미국의 MD의 보호를 받으면서 한국의 독자적인 억제능력을 향상시켜나가는 것이다. 그러나 미국의 "핵우산 nuclear umbrella을 포함한 확장억제extended deterrence"가 북핵의 위협으로부터 한국을 보호해줄 것이라는 생각은 위험한 발상이며 북한의 핵 위협상황에서 우리가 의존하는 미국의 핵우산이 100% 가동된다는 보장이 없기 때문에 한국은 최소억제전략 개념 차원의 응징전략과 전력을 구비해야 한다. 그리고 이것만으로는 억제가 미흡하기 때문에 미국의 확장억제와 핵우산을 활용하는 최대 억제전략까지 적용하여 대응책을 강구해야 한다.

북한의 핵 위협에 대비한 해결방안은 무엇인가

북한은 국제사회로부터 핵보유국으로 인정을 받고자 하나 미국과 국제사회는 북한을 핵보유국으로 인정을 하지 않고 있다. 특히, 북한의 동맹국인 중국도 북한의 핵 보유를 반대하고 있고 북한의 4차 핵실험 이후에 중국은 미국과 공조하여 북한을 압박하고 대북제재에 동참을 하고 있다. 이와 같은 상황에서 북한이 핵무기로 남한을 공격하면 미국도 역시 핵무기로 북한의 평양 등 주요도시와 군사시설을 공격할 것이다. 한반도에서 핵무기 사용은 북한 김정은 정권의 끝장은 물론 한반도라는 민족의 터전 자체가 불모의 땅으로 변할 것이다. 이는 남북한이 동시에 공멸하는 상황으로 6·25전쟁과 같이 남북한 모두가 패배자가 될 것이다.

따라서 북핵문제 해결을 위해서 6가지 방안을 고려해볼 수 있다. 첫째, 북한의 핵시설을 선제타격을 하는 방안, 둘째, 미국의 핵무기를 이용한 응징적 억제를 통해서 압박을 하는 방안, 셋째, 미국의 MD와 한국의 미사일 방어체제를 이용한 거부적 억제를 하는 방안, 넷째, 중국과 공조를 통해서 북한이 핵을 포기하도록 하는 방안, 다섯째, 대화와 경제적 지원을 통해서 북한의 핵 위협을 감소시켜 나가는 방안, 여섯째, 북한의 개혁과 개방을 유도해서 북한 스스로 핵을 포기하도록 하는 방안 등을 고려할 수 있다.

북한의 5차 핵실험의 징후가 포착되고 현 상황에서 방안별로 구체적인 연구와 준비를 해나가면서 한미동맹을 주축으로 하는 한미연합방위를 더욱 공고히 해야 한다. 그리고 북한의 핵위협에 대응하기 위한 선제타격 및 응징보복을 할 수 있는 대응 수단을 조기에 확보해야 한다. 그리고 특히, 북한의 비핵화를 위해서 모든 외교적 역량을 결집해서 북한을 협상의 장으로 끌어내서 북한이 요구하고 원하는 것을 지원해서 핵개발을 포기하도록 유도하는 현실적인 방안을 강구해야 할 것이다. 북한이 핵무기 사용으로 위협할 경우를 대비한 핵 억제전략을 위한 방안을 강구하고 미국의 확장억제의 의존성에서 점진적으로 벗어나서 "한국이 취할 수 있는 대응 방안"에 대해서 심각하게 고민하고 대비를 해야 할 것이다.

북한의 핵위협에 대해서 우리 국민은 잘 모르고 있다. 특히, 고양이한테 몰린 쥐는 너도 날 먹으면 죽는다고 쥐약을 삼킨다는데, 김정은 체제가 붕괴되는 위협 앞에서 그들이 핵무기를 '자위용'으로만 묻어둘 가능성은 크지 않을 것이다. 그리고 아직은 통치력과 판단력이 부족한 김정은의 오판에 의해서 핵무기가 서울 상공에 투하되면 우리 국민은 북한의 핵폭탄이 무엇인지도 모르고 고통 속에 죽어갈 것이다. 따라서 우리는 북한 핵 위협에 억제력을 확보해나가면서 북한의 핵 위협에 대해서 국민의 알 권리를 위해서 현실을 올바르게 인식하도록 대국민 홍보와 교육을 강화해야 한다. 그리고 대국민 피해를 예방하기 위해서 도시별로 건물 지하시설, 지하철, 지하상가 등을 대피시설로 운용할 수 있는 시설의 보완과 대응 체계를 구축해 나가야 할 것이다.

초 경 화

이화여자대학교 문리대학 영어영문학과 학사 졸업

경기대학교 국제대학원 독서지도학과 석사 졸업

한우리독서문화운동본부 평생교육원 전문강사

경기대학교 사회교육원 서울캠퍼스 교수

한우리독서문화운동본부 사무국장

한우리독서지도봉사단 사무국장

한우리독서문화운동본부 부설 독서경영연구소 소장

한우리독서문화운동본부 평생교육원장

인성지도사 1급 자격

명강사 명강의 1급 자격

정교사 2급 자격

애니어그램 강사 2급 자격

『교과서 중심 동화』 1~6권(예림당) 공저

『독서교육론 독서논술지도론』, 『독서자료론 독서지도방법론』

(위즈덤북) 공저

이메일: julyagnes@hanmail.net

연락처: 010-5589-3012

독서로
경영하는 삶

I. 내 삶의 전환, 독서지도 강사가 되다

첫 강의의 설렘과 떨림

오전 9시 57분, 강의 시작 3분 전이다. 웅성웅성 소란한 강의실 분위기를 감지하며 문을 열었다. 후끈한 열기를 느끼며 강의실로 발을 들여놓는 순간, 일순 정적이 흐르며 별빛처럼 초롱한 눈들이 나를 주시했다. 우와! 60여 명 들어가는 강의실엔 통로에도 간이의 자를 놓고 빼곡하게 수강생들이 공간을 채우고 앉아 있다. 어림잡아도 80명은 족히 되는 인원이 나의 강의를 기다리고 있는 것이다.

떨리는 마음을 심호흡으로 진정시킨 후 겉으로는 여유롭게 미소 지으며 인사를 하고 이어 간단하게 내 소개를 했다. 그리고 미리 작성해 온 큐시트를 교탁 위에 올려놓고 오늘 강의할 내용에 대해 주제와 함께 목차를 설명했다. 강의실 뒷벽에 부착되어 있는 시계의 시각이 정확한지 확인한 후, 저 시계로 11시 10분에 전반부 강의를 마치고 쉬는 시간을 갖겠노라고 안내했다. 그리고 강의를 마칠 무렵에는 오늘 강의의 키워드 3개를 정확하게 발표하는 사람에게 시집을 선물로 주겠노라고 미리 동기 부여도 해놓았다. 이런 시작 단계를 거치다 보니 어느새 10분이 흘렀다. 이제부터 강의 전반부인 1시간 동안 유익하면서도 재미있는 강의를 이끌어가야 한다.

기본적인 이론을 바탕으로 그동안 지도 현장에서 수집하고 정리한 생생한 사례들을 곁들이며 본격적인 강의에 돌입했다. 수강생들이 끊임없이 집중할 수 있도록 이론 설명 – 사례 보충 – 질문 등을 역동적으로 운용하면서 아이 콘택트를 골고루 할 수 있도록 신경 썼다. 그러나 인간이 높은 집중력으로 몰입하는 시간은 15분이 한계이다. 그 타이밍엔 교단 위에서 잠깐 내려오기도 하고 교구를 보여주거나 판서로 주의를 환기시켰다. 중요한 부분은 목소리 톤을 높이거나 보디랭귀지를 적극 활용했으며 강사의 키워드를 따라 하도록 주문하기도 했다.

어떻게 2시간 반이 흘러갔는지 모를 정도로 신들린 듯 강의했다. 강의를 마쳤을 때 쏟아지는 박수 소리와 이어지는 질문들로 수강생들의 만족도를 읽을 수 있었다. 그리고 강의 중 내 눈과 입을 주시하며 교감했던 그들의 수강 태도가 나에게 자신감과 사명감을 안겨주었다. 토막잠을 자며 하루를 25시간처럼 보내면서 강의 준비를 위해 쏟았던 나의 땀과 열정이 빛을 발하는 시간이었다.

독서지도 강사가 되기까지

중고등학교 시절 책 읽고 글 쓰는 것이 좋았던 나는 줄곧 문예반 활동을 했다. 당연히 대학 진학할 때에도 국문학과에 입학하고 싶었으나 부모님의 권유로 영문학을 전공했다. 4학년 재학 중 방송

독서지도사 과정 강의

국 아나운서 시험에 연거푸 낙방하고, 졸업 직전 국제법률사무소에 취업했다. 예민하고 날카롭기 그지없는 변호사의 비서직을 수행하면서 강도 높은 업무에 심신이 고갈되는 것을 느끼고 퇴사한 뒤 IBM에 입사했다. 10년을 재직하다가 큰아이가 초등학교 2학년이 될 무렵 직장맘의 한계를 극복하지 못하고 사직하였다.

아이 교육에 전념할 생각이었던 나는 당시 '글짓기'라는 교육에 실망을 하고 내가 직접 해보기로 작정하였다. 쓰기 이전에 읽기부터 기초가 다져져야 한다는 생각에 이르자 서점과 공공도서관을 들락거리며 독학하던 중 한우리 독서문화운동본부와 인연을 맺게 되었다. 6개월의 독서지도사 과정을 수료하고 자격증을 취득하기도 전에 두 아들과 그 친구들을 그룹으로 형성하여 독서지도를 시작했다.

이렇게 시작한 독서지도는 1년도 되기 전에 대기자 리스트를 작성하고 학생들을 받을 정도로 유명세를 탔고 급기야 아들들의 초등학교와 중학교에서 독서 논술 지도 방과 후 교사로도 초빙되었다. 이런 입소문이 한우리 회장님의 귀에 들어가자 독서지도 강의를 해달라는 제의가 들어왔다. 독서지도 강사로서 삶의 터닝 포인트를 맞은 셈이었다. 이렇게 시작된 독서지도 강의는 15년을 이어갔다. 물론 그동안 독서지도 외에도 마인드맵, NIE, 애니어그램, 코칭, NRP 등 많은 과정을 수료하고 강의도 했다. 그러나 언제나 그 중심엔 독서지도, 그중에서도 독서토론 강의였다.

세상에 하나뿐인 내 강의를 위하여

나의 강사로서의 첫무대는 운 좋게도 성공적이었다. 그러나 자만하지 않고 끊임없이 연구하며 콘텐츠를 수정하고 보완했다. 수강생들의 입장에서 무엇이 가장 필요한지, 어떤 부분이 가장 어려운지, 향후 어떻게 진로를 잡아야 할지를 함께 고민하면서 세상에 하나뿐인 나의 강의를 위해 그 준비에 만전을 기하려고 노력했다. 그러다 보니 많은 이들의 멘토 역할을 하면서 보람도 느끼고 스스로도 성장하는 기쁨을 덤으로 받았으니 참으로 감사할 일이다. 그 노력들을 강의 전과 강의 중 그리고 강의 후로 나누어 기술해보고자 한다.

무엇보다 강의 전 수업 준비는 철저히 했다. 교재 외에 자료가 될 만한 부교재를 적극 활용했다. 90년대 초반엔 인터넷이 발달하지 않았던 때라 주로 문자 매체인 신문과 잡지 등에 의존해야 했고, 그래서 서툰 솜씨지만 직접 그리고 만들기도 하면서 정성을 쏟았다. 독서 주제에 걸맞는 음악을 녹음해서 카세트 플레이어로 틀어주고 감성을 끌어내게 했으며 책과 관련된 영화를 비디오로 구해서 감상하며 토론하게도 했다.

교안은 강의 때마다 점검했다. 독서지도사 과정은 반복적으로 이뤄지기 때문에 강사는 자칫 교만해지고 나태해질 수 있다. 그러나 대상이 교사인지, 학부모인지, 일반인인지에 따라서 교안은 달라질 필요가 있다. 또 연령과 성비도 파악하여 강의의 수준을 조절하고 사례도 수정 보완하며 교수 설계를 재정비했다.

강의장 상황을 미리 체크하는 것도 강의 전에 꼭 해야 할 일이다. 강의장의 규모 및 시설을 미리 파악해야 강의 당일 당황하는 일을 미연에 방지할 수 있다. 즉, 프로젝션, 핀마이크, 자료를 놓을 수 있는 교탁 등을 사용할 수 있는지, 모둠토의를 할 수 있는 자리 배치가 가능한지 등을 담당자에게 미리 물어보고 협조를 구하곤 했다.

강의에 임하는 강사에게 단정한 옷차림과 밝은 얼굴은 필수 조건이다. 또한 강사는 활기가 있어야 한다. 강사의 에너지는 수강생들에게 바로 전달되기 때문이다. 강의 전날은 가급적 목을 아껴서 강의 당일 최상의 컨디션을 가질 수 있도록 했다.

강의의 시작과 마무리는 인상적이어야 한다. 에피소드, 날씨, 시사 등으로 얘기를 시작하면서 자연스럽게 강의 주제로 연결하면 수강생들은 흥미를 갖고 집중했다. 마무리 역시 사자성어로 주제를 압축하거나 질문으로 키워드를 답하게 하는 등 오늘 강의의 의미와 가치를 명확히 인지할 수 있도록 했다.

강의장 분위기가 화기애애하고 호의적이면 강사는 훨씬 수월하게 강의를 진행할 수 있다. 그래서 강의를 시작할 때 수강생들끼리도 인사를 나누게 했는데 이 사소한 행동이 강의장 공기를 부드럽게 하는 데는 제법 효과가 있었다. 강의 내용이 다소 어렵고 딱딱할수록 인사하기 외에 다양한 아이스 브레이킹 기법을 적극 활용했다. 이 역시 강의에 흥미와 활력을 불어넣어주는 유용한 전략이 되었다.

강의는 끝났지만 수강생의 요구가 있을 때는 성의껏 도와주었다. 강의를 마쳐야 하는데 질문이 많이 들어오면 물론 곤란하다. 그 질문이 수강생 모두에게 궁금한 내용이면 그나마 괜찮지만 개인적인 질문인 경우에는 일단 마무리를 하고 그 질문에 응했다. 드물긴 하지만 개인 상담을 요구해오는 경우도 있다. 이럴 땐 시간이 가능하면 간략하게 현장에서 응해주기도 하지만 되도록 메일 주소를 주고 질문을 정리하도록 요청하는 것이 충실한 답변을 위해 시간도 벌 수 있는 좋은 대응책이 될 수 있겠다.

마지막으로, 강의가 끝난 후에는 항상 강의 만족도를 점검하고 스스로 평가했다. 강의 반응이 좋았던 부분과 사례들을 표시해두었고, 반대로 반응이 시큰둥했던 부분은 보충 사례를 추가해 나갈 수 있도록 반드시 메모해 두는 것을 게을리하지 않았다.

II. 인문학의 힘, 인간다움을 공부하다

인문학 도서 탐색과 저명 강사 섭외

오랜 시간 성실하게 전문강사로서 활동한 내게 한우리독서문화

CEO 독서아카데미 교류회 사회

운동본부의 사무국장이라는 보직이 주어졌다. 사무국장으로서 가
장 주력했던 것은 대한상공회의소와 손잡고 'CEO독서아카데미'를
운영하는 사업이었다.

책을 통해 동서고금의 석학과 현인들의 지혜와 혜안을 접해 보
고, 관련 분야에서 저명한 인사를 초청하여 강연과 토론이 함께
이루어지는 'CEO독서아카데미'의 개설은 정말 뜻깊고 보람된 일
이었다. 주최하는 대한상공회의소는 의원회의실이라는 격조 있고
웅장한 의원 회의실을 제공했고, 주관하는 한우리는 콘텐츠를 만
들고 과정을 운영하기로 했다.

나는 어디에 내놔도 손색이 없는 커리큘럼을 구성하기로 했다.
그러기 위해서는 인지도 높은 강사를 선정, 섭외하는 것이 가장
중요했다. 그러나 이 과정은 독서아카데미인 만큼 회원들이 필독

도서를 읽고 저자 직강 내지 관련 강의를 듣는 형식이기 때문에 그저 사회적으로 유명하다고 해서 초빙을 할 수는 없었다. 당연히 저서가 있어야 했고 그 저서는 인문학적 깊이가 있으면서도 학술서가 아닌 대중이 접근할 수 있는 저서라야 했다.

독서교육에 몸담으면서 읽어왔던 모든 장르의 책들을 다시 꺼내 들었고 신문, 방송 등의 매체들을 동원하면서 좋은 인문학 서적을 탐색하는 동시에 전달력이 우수한 유명 강사들 리스트를 작성했다. 커리큘럼 역시 문학, 역사, 철학을 중심으로 문화, 예술, 경영 등의 영역도 조화롭게 배치했다. 각오는 했지만 유명 강사 섭외는 생각보다 훨씬 더 많은 수고와 인내를 요했다.

대부분의 저명인사들은 비서실이 있어서 일단 비서실과 협의가 이뤄져야 했고 그다음에도 직접 통화하기는 쉽지 않았다. 어쩔 수 없이 주로 메일을 통해 교수님을 왜 초빙하려고 하는지, 저서의 가치와 함께 독후감을 곁들이면서 초빙하고자 하는 열망을 간곡하게 피력하면 대부분 마음을 움직여주었다. 안식년으로 해외에 나가계시던 전 국무총리였던 정운찬 교수와 아산나눔재단 이사장인 정진홍 교수가 대표적인 예이다. 두 분은 각각 세 번씩이나 과정에 오셔서 명강의를 해주셨다.

이 외에도 초대 문화부 장관이었던 이어령 박사, 김형석 연세대 명예교수, 전 교육부 장관이자 연세대 총장이었던 박영식 대한민국학술원 회장, 최재천 이화여대 석좌교수, 전 계명대 총장이었던 이진우 포스텍 석좌 교수, 힐리언스 선마을 촌장인 이시형 박사, 전 문화재청장이었던 유홍준 교수 등 기라성 같은 석학들을 초빙하여 명쾌하고 주옥같은 강의들을 마련했다. 언급한 교수님들은 그 학문의 깊이에 매료된 회원들의 열화와 같은 성원으로 두 번 이상 초빙되었고 그 수고로움을 나는 행복하게 치러내야 했다. 특히 구순을 훌쩍 넘긴 김형석 교수님의 열강은 매번 회원들의 감동을 끌어내어 기립박수로 이어졌고, 그런 연유로 무려 일곱 번이나 초빙해야만 했다.

그리고 우연인지는 모르겠으나 독서아카데미에 초빙되어 강의를 하신 교수님들은 그 후 TV 등의 대중매체에 자주 등장하면서 더욱 유명해졌고, 그분들을 뵐 때마다 반갑기 그지없을 뿐만 아니라 나의 커리큘럼 구성이 제법 탄탄했다는 자부심으로 뿌듯해지곤 한다. 대표적으로 신병주(현재 KBS 교양프로그램인 '역사저널 그날'에 고정 출연 중) 교수, 김난도 교수, 강신주 철학자, 고미숙 고전 평론가 등등.

사회적으로 유명세를 치르지는 않았지만 강의에 매료된 회원들의 요청으로 여러 번 앵콜 강의를 하신 분들도 많았다. 대표적으로 권영민 전 서울대 교수의 현학적이면서도 흥미로웠던 '이상 문학' 강의, 한명기 명지대 교수의 명쾌한 조선사 강의, 허성도 전 서울대 교수의 감동적인 국사 강의, 유경희 미술평론가의 매혹적인 현대미술 강의 등등 참으로 차별화된 명강의 속에서 독서아카데미는 심오하면서도 즐겁고 풍요로웠다.

소설가와 시인 등 작가들도 회원들에게는 만나고 싶은 매력적인 강사들이었다. 이문열, 황석영, 김진명, 박범신, 김훈, 김홍신, 김주영, 장석주, 성석제, 이생진, 도종환, 김용택, 정호승 등 이분들의 인문학적 성찰로 빚어진 진솔한 삶의 얘기를 가슴에 담고 친필

사인을 책에 받으면서 회원들도 나도 마음껏 행복할 수 있었다. 이미 사회적으로 저명한 강사들도 나는 놓치지 않고 섭외했다. 박재희 민족문화콘텐츠연구원 원장, 김미경 아트스피치연구원 원장, 김정운 휴먼 경영연구원 원장, 구본형 변화경영연구소 소장 등이 그분들이다.

2008년부터 2013년까지 10기를 운영하면서 얼추 150여 명의 강사들이 초빙되어 열강을 해줬으니 여기에 그분들을 다 거론하기에는 지면이 부족할 수밖에 없어 이 정도로 기술을 마치기로 한다.

내가 사랑한 CEO, 나를 사랑한 CEO

강창희 전 국회의장
집무실에서
포럼회원들과 회합

6년 동안 진행했던 이 과정은 중간에 몇 번 형식을 바꾸었다. 일단 과정명이 'CEO독서아카데미'에서 'CEO인문학포럼Creative Intelligence Forum'으로 바뀌었고 1기와 2기는 6개월 과정으로 운영했으나 3기부터는 4개월 과정으로 운영하다가 10기는 과감하게 1년 과정으로 운영하였다.

인문학 포럼이긴 하나 인문학에만 치중하지 않고 예술 활동을 적절하게 배치하여 참여도를 더욱 높일 수 있도록 애썼다. 예술영화관을 통째로 빌려 〈위대한 개츠비〉 등의 명화를 영화평론가의 해설을 곁들여 감상했고, 〈카르멘〉 오페라 공연 및 〈닥터 지바고〉 등의 뮤지컬을 감상했다. 또 샤갈, 고흐 등 작품 전시회도 도슨트의 해설을 단독 준비하여 회원들의 예술적 욕구에 부응했다. 창덕궁 달빛 기행, 와인파티 등은 굉장히 호응이 좋았고, 국악예능인 이안, 재즈보컬리스트 웅산, 보컬리스트 현승엽 등의 라이브 공연도 흥을 돋우는 데는 그만인 프로그램이었다.

기수마다 1박 2일의 워크숍도 풍성하고 유익하게 준비했다. 힐리언스 선마을 체험, 남도 및 섬진강변 걷기, 강릉 바우길 걷기, 제주 올레길 걷기, 지리산 둘레길 걷기 그리고 고선재나 주천 고택에서의 한옥체험 등은 회원 간의 친목을 다지면서 힐링하는 시간으로 호응이 뜨거웠다. 열 번의 워크숍 중에서 김성곤 교수의 중국 한시 특강으로 항주-소흥-황산을 관통한 3박 4일의 중국 문학기행은 오래도록 기억에 남을 추억과 함께 인문학의 즐거움을 체험으로 간직하게 해준 선물이었다.

이렇게 다양하고 풍성한 프로그램으로 6년 동안 열 개의 기수를 주임교수 역할을 하면서 운영했지만 나는 늘 리더십보다는 서번십으로 회원들에게 최선을 다할 수 있도록 노력했다. 무엇보다도 강사나 콘텐츠 등 강의의 내용과 수준이 회원들의 관심과 기대에 부합하는지를 가장 신경 썼다. 따라서 매번 강의가 끝날 때마다 피드백을 받아 부족한 부분은 개선했고 다음 커리큘럼에 반영했다. 또한 일식당과 중식당, 양식당의 저녁 식사 메뉴는 회원들의 입맛에 맞게 정갈한지, 심지어 강의실의 조명, 온도, 환기 등도 섬세하게 살펴서 최적의 환경에서 인문학 강좌에 심취할 수 있도록 배려했다.

무엇보다도 170여 개의 강좌를 준비하면서 한 번도 똑같은 콘텐츠를 반복하지 않았다. 그런 노력을 알아본 회원들은 한 번이 아니라 두 번, 세 번 그 이상으로 재등록하여 수강하였고, 그중에 최다 등록한 회원은 열 기수 중에 아홉 번을 등록한 일원화학의 이동주 대표이다. 그 덕에 매 기수마다 재등록하는 회원이 20% 정도 되어 힘을 실어주었으니 나는 그들을 사랑할 수밖에 없었고 그들 또한 나를 믿고 따라주며 사랑했다. 강창희 전 국회의장은 1기에 참여하셨는데 10기까지 늘 관심을 갖고 격려해주셨으며 매 과정의 필독서를 열독하고 때로는 감상을 전달하시곤 했다. 지금도 각 기수의 회원들은 밴드를 통해 독서, 골프, 여행 등을 함께하면서 여전히 모임을 지속하고 있고 나 역시 그들과의 조우로 행복했던 그 시간들을 이어가고 있다.

인문학과 그 과제

인문학은 인간과 역사에 나타나는 사상을 연구하는 학문이다. 즉, 인간 자체와 그 인간적 삶을 완성할 수 있도록 사상을 연구하는 학문인 것이다. 따라서 인문학의 주체와 중심이 되는 것은 휴머니즘이며, 휴머니티에 관한 사상을 연구하는 것이 중심 과제가

CEO인문학포럼 단체사진

되어 있다. 인간 중심의 학문인 인문학은 더 많은 사람들이 인간
다운 삶을 살 수 있도록 하는 데 기여할 수 있도록 방향성과 목표
를 확립해야 한다.

수년간 인문학 포럼을 진행하면서 인간이 되는 길을 진지하게
탐색할 수 있었다. 그러나 그 길은 하나가 아닐뿐더러 끝이 없음
을 깨달아 갈 즈음, 그 포럼을 접어야 했다. 미완의 과제를 감히
내 삶 안에 가두고자 하지는 않지만 인간의 자기 이해와 자기 해석
이 가능하다는 신념이 있기에 여전히 인문학은 내 삶의 여정이 될
수밖에 없다.

III. 경영의 새 패러다임, 독서경영연구소를 열다
독서경영 프로그램 개발

독서경영이란 독서와 독서활동을 경영에 적극 활용하려는 경영 기법으로 책을 읽고 생각하고 토론하면서 개인의 능력과 업무의 효율성, 나아가 기업의 성과를 높이는 것이다. '독서'라는 개인적 영역을 '경영'이라는 기업 영역에 접목하여 개인의 지식과 정보를 기업 차원의 지적 자산으로 축적할 수 있을 뿐만 아니라 부서 간의 소통, 구성원들의 애사심이나 일체감과 동질감을 갖는 효과 등 다양한 성과를 거둘 수도 있다.

'CEO인문학포럼'을 운영하면서 기업인들과 교류하게 되자 기업 독서경영에 관심을 갖게 된 나는 독서경영연구소를 열었다. 먼저 연구원들을 선발하고 여덟 분의 각계 교수들을 자문위원으로 초빙하면서 독서경영 프로그램 개발에 착수했다. 독서경영 프로그램을 담은 매뉴얼을 제작했고 이후 리딩 플래너도 제작하면서 본격적으로 독서경영 사업을 전개했다.

독서경영의 현장과 활동

기업 독서경영의 성패는 CEO의 마인드와 강력한 의지에 달렸다고 해도 과언이 아니다. 기업의 CEO가 독서를 통해 구성원들의 능력과 자질을 향상시킬 수 있다는 가능성을 믿으면 그 독서경영은 절반의 성공을 이룬 셈이다.

기업에서 독서경영에 대한 상담이나 의뢰가 들어오면 내가 직접 출장 가서 상담에 응했다. 독서경영은 기업이 생존하는 한 영속적으로 추진해야 하는 경영의 일부임을 역설하면서 독서를 통한 경영이 왜 필요하며, 독서가 경영 활동에 없어서는 안 되는 이유를 설명했다. 그리고 한편으로는 그 기업이 어떤 목적의식과 방향을 추구하는지도 파악해야 했다. 그래야만 맞춤 독서경영이 가능했고, 독서경영이 끝났을 때 기업에서의 만족도도 높았다.

이렇게 상담이 원활히 이루어지고 독서경영 멘토링이 확정되면 그 기업의 비전에 적절한 도서를 선정하고 동시에 맞춤 프로그램을 준비했다. 때에 따라 필요하면 사전 독서 흥미도 및 능력 검사를 실시하여 좀 더 정교한 밀착 프로그램을 재구성하기도 했다.

개인적 행위에 속하는 독서를 기업 차원의 활동과 성과로 끌어내기 위해서는 다양한 도구와 장치가 동원된다. 독서경영연구소의 연구원들이 멘토로 기업에 파견될 때는 주로 구성원들이 책을 읽고 느낀 점들을 토론하면서 공유하게 하고 그것들을 기록할 수 있도록 돕는다. 나아가 이러한 축적들을 평가하고 포상으로 연결될 수 있도록 하는 것도 멘토의 역할에 포함된다.

이런 노력의 결과로 그동안 수십 개의 기업과 병영, 지자체의 독서경영 멘토링을 했고, 몇 년째 지속적으로 독서경영을 의뢰하고 있는 곳의 숫자도 늘어가고 있다. 현재는 다비육종, 넥슨, 현대백화점, 경찰대학, 한국체육산업개발원, 삼성노블카운티 등 대규모의 독서경영 멘토링을 진행하고 있다.

독서경영의 비전과 과제

이미 외국에서는 독서를 통해 경영 능력을 키워가는 유명한 CEO들이 많다. 우리나라에서도 독서경영을 도입한 기업들이 많지만 앞으로 그 숫자는 점점 더 늘어갈 것으로 확신한다. 물론 독서경영이 한국 기업에 성공적으로 안착하려면 해결해야 할 과제들이 아직 많은 건 사실이다. 무엇보다도 독서경영은 정신적인 문화로 귀결되어야 하는데 성급하게 유형의 성과를 독촉한다면 자발성과 강제성의 균형을 잃고 좌초하게 될 것이다. 독서경영이 체계적으로 뿌리를 내리기 위해서는 장기적인 관점에서 인내를 갖고 단계적으로 추진해 나가야 한다. 독서경영이 기업의 성장엔진이 될 수 있도록 성공적 모델을 계속 개발하고 발전시키는 일은 한우리 독서경영연구소장인 나의 몫으로 여전히 현재진행형이다.

한우리독서경영 매뉴얼과 브로슈어

손 익 도

방송통신대 법학과 재학 중

삼성 근무

(주)행복상조 대표

충북 괴산장례식장 대표

한국장례협회 법무팀

고려대학교 명강사 최고위과정 4기 부회장

괴산군 배구협회장

괴산군 새마을문고회장

이메일: sid0417@naver.com

연락처: 010-7222-2679

```
┌─────────────────────────────────┐
│                                 │
│   성공스토리                     │
│   & 비법                         │
│                                 │
└─────────────────────────────────┘
```

입사 1년 만에 최우수사원으로 거듭나다

저는 일하면서 공부했던 방송통신대 법대를 공부한 것이 소중한 인연이 되어 35세에 삼성에 입사하는 행운이 있었습니다.

2000년 11월 입사 당시, MS 도스 컴퓨터 사용하는 명문대 출신들 다수가 양손 검지로 타이핑을 치는 시대였습니다.

저는 늦지만 열 손가락을 모두 사용하는 업무에 도전을 하였어요. 늦은 퇴근 업무에 3배로 집중하여 도전하는 필사의 노력을 하였지요.

대기업에서 비교적 늦은 입사로 인한 어린 동료들의 비아냥 그리고 낙하산 인사 등의 설움으로 그런 말들을 들으며 홀로 화장실에서 뜨거운 서러움의 눈물을 하염없이 흘리기도 하였지요.

심지어 5년여 회사에 재직하는 동안 점심 식사를 김밥과 바나나

우유를 많이 먹어서 놀림을 당하기도 하였지요.

하지만 지나서 보니 오히려 변독위약(독이 변해서 약으로 됨)이 되어 그로 인해 오기가 발동하였고 반드시 너희들 모두를 부하로 만들고야 말겠다는 목표를 세우게 되었습니다.

그런데 입사 1년 만에 최우수사원에 발탁이 되고 당시 삼성의 사업부장 상무님과의 중식 격려의 자리에서 저는 소스라치게 놀랄 수밖에 없었지요.

왜냐하면 입사할 때 면접관이 뜻밖에도 우수사원과의 점심 식사에 오신 그 상무님으로, 사업부장으로 온 것을 알고 많이 놀랐기 때문입니다.

그래서 건배사 타임에서 저는 "잠깐만요, 드릴 말씀이 있습니다."라고 하였습니다. 당시 지점장이 함께 동석하였었지요. 지점장은 당황해서 저를 저지하였지만 용감하고 굳세게 용기를 내서 말을 전하였지요.

회사에 입사할 때 면접관이 유독 절 많이 힘들게 했었지요. 왜냐하면 나이도 많고 학력 그저 그렇고 직장도 3번이나 옮겼는데 회사에 입사해서 잘할 수가 있겠냐는 것이었지요.

저는 너무 자존심이 상하고 화가 나서 당시에 면접관에게 이렇게 말을 하였어요. 이판사판이라는 심정으로요.

본인도 그 당시 근무하는 병원에 가면 많은 부하직원이 있지만 자존심 상하는 말씀은 삼가시면 좋겠다고요. 이 회사에 입사하게 되어도 평생 근무할 것이 아니고 5년 정도 단기 적금으로 모아서 퇴직하면 본인이 하고 싶은 사업을 할 거라고요.

이렇게 말하고 면접을 종료하였는데 "불가사의하게도 당시에 약 40명 이상이 면접에 임했었고 합격은 2명이었는데 그 2명 중 본인이 합격하였고 오늘 입사 1년 만에 최우수사원이 되어 무한한 영광입니다."라고 말씀을 드렸습니다.

그러자 상무님이 묻더군요. 그러면 1년 전에 입사 면접관이 누구였냐고요. 바로 저의 앞에 계시는 상무님이시라고 하자 동석한 20여 명의 직원들에게 모두 박수를 치도록 하였습니다.

괴산의 자랑, 손익도

저는 지난 2016년 2월 22일부로 충북 새마을문고 괴산군지부 회장에 취임하였습니다.

당시 괴산장례식장 대표를 맡고 있었는데, 괴산군새마을회관 대

회의실에서 11개 읍·면 분회장들이 임시총회를 열어 제17대 새마을문고 괴산군지부 회장으로 만장일치로 추대해주셨음에 너무나 뿌듯함을 느꼈습니다.

저희 새마을문고 괴산군지부는 11개 읍·면 분회 새마을 작은 도서관을 개설하고 운영하고 있습니다.

알뜰도서교환시장, 피서지문고 운영, 내 고장 문화 바로알기, 전 군민을 대상으로 하는 대통령기 국민독서경진대회 등을 통하여 국민의 독서문화를 진흥시키는 사업에 전력을 다하고 있습니다.

이번 취임을 계기로, 저는 기존의 회장님들이 독서문화 창달에 기여해오신 업적을 잘 이어받아 다양한 생활밀착형 독서문화 환경을 조성하고 새마을문고 괴산군지부가 지역문화 공동체운동을 선도하는 단체가 될 수 있도록 최선을 다할 생각입니다.

그래서 저는 지난 5월 25일, 활기차고 풍요로운 괴산건설 운동의 일환으로 괴산군 문화예술회관 앞 광장에서 '어린이와 함께하는 북적 문화 한마당' 행사를 열었습니다.

책을 바꿔 읽는 독서문화 조성을 통해 책의 활용도를 높이고 독서문화에 대한 관심과 책 읽는 괴산군민 사회를 만들기 위한 취지로 진행되었습니다.

이날 행사에서 저희 새마을문고 괴산군지부는 관내 초·중학생들의 독서력 향상 및 독서인구 저변 확대를 위해 신간도서 200여 권을 준비하여 1인당 2권씩 나누어주었습니다.

그러한 긍정과 행복의 나눔 행사가 빛을 발한 것일까요? 괴산군민들은 더욱더 책에 관심을 많이 가지게 되었고 9월에 개최되는 국민독서 경진대회에 적극적으로 참여하려는 모습을 보였습니다.

독서를 통해 우리는 다양한 지식과 지혜를 얻을 수 있고 세상을 보는 눈을 크게 키울 수 있습니다.

대한민국의 더욱 많은 학생들이 좋은 책을 많이 읽어 미래를 책임지는 주역이 될 수 있도록 앞으로도 저희 새마을문고 괴산군지부는 최선을 다할 것입니다.

또한 괴산군 장례식장 대표와 새마을문고 괴산군지부 회장을 역임하면서 최근엔 또 하나의 기회를 얻게 되었습니다. 바로 제7대 괴산군 배구연합회장에 취임하게 된 것입니다.

괴산군 문화체육센터에서 임각수 괴산군수님, 박연섭 괴산군 의회의장님을 비롯한 각 기관단체장과 배구연합회원 등 150여 명의 축하를 받으며 새롭게 자리를 물려받았습니다.

제6대 김호종 회장님과 이취임식을 가졌는데, 훌륭하신 전임 회장님의 업적에 누가 되지 않도록 2017년 2월까지의 임기를 성공적으로 마칠 것입니다.

괴산배구연합회에는 현재 7개 동호인클럽이 가입되어 총 200여 명이 활동하고 있습니다. 수많은 사람들의 기대를 한 몸에 받아 활기차고 생동감 있게 동호회원들과 항상 마음을 같이하여 괴산군 배구의 발전을 위해 열정을 바칠 것입니다.

이렇게 많은 자리를 맡고 있는 만큼 괴산은 제게 있어 매우 중요한 의미를 가지는 곳입니다. 활기차고 풍요로운 괴산군이 되는 데 큰 보탬이 될 수 있어 너무나 영광이지요.

고려대 명강사 최고위과정

오늘 이 자리는 젊은 날 청년 시절부터 단련한 인재의 새 출발을 개시하는 명강사 모임으로 알고 있습니다.

명강사가 되기를 지망하는 사람, 현재 활동 중인 평생교육 및 기업교육 강사, 강의 역량의 업그레이드를 희망하는 사내강사, 제2의 인생을 준비하는 CEO, 임원, 단체장 등 다양한 분야의 전문가들이 교육을 수강하는 자리도 보기 드물 것입니다.

원우들 한 분 한 분을 볼 때마다 열정과 도전 정신으로 가득하고 훌륭한 인성까지 갖추어 감사하는 마음과 사명감을 가지고 세상에 봉사를 실천하고자 하는 포부를 지니셨음에 감탄하곤 합니다.

전국 각지에서 수많은 사람들이 지원하여 심층면접을 통해 소수정예가 최종 선발되는 만큼 각 분야의 전문가들이신 만큼 원우들 모두가 배울 점이 많으신 분들이었습니다.

또한 다양한 연령대로 구성된 고려대 명강사 최고위과정은 올바른 방향으로 명강사를 양성하겠다는 사명감과 진정성이 가득 담긴 시간이었기에, 제게 있어 앞으로의 삶을 살아가는 데 크나큰 자산으로 남을 것입니다.

100세 시대를 맞이하여 인간의 평균 수명이 늘어나면서 예전과는 달리 이제는 평생직장의 개념이 희미해졌습니다. 이제는 직장이 아닌 자신의 전문성에 의지하여 세상을 헤쳐 나가야 하는 시대인 것입니다.

그런 점에서 강사는 은퇴도 없고 명예퇴직도 없는 평생직업으로서 크나큰 메리트가 있는 직업입니다. 하지만 불러주지 않으면 백수가 되기도 쉽기에 그만큼 위험도 안고 있는 직업이기도 하죠.

하지만 고려대 명강사 과정을 거친 한 명의 수강생으로서 강의에 필요한 소양, 알차고 탄탄한 지식, 효과적인 홍보 기법, 독자들의 심금을 울리는 저술 기법까지 다양한 테크닉을 전수받았기에 크나큰 자신감이 샘솟습니다.

서필환 주임교수님 외 18명의 전문 강사진들로 구성된 이 과정을 통해 강의 역량을 업그레이드하고 전문강사들과의 교류를 통해 궁정적 동기부여를 받아 성장할 수 있는 계기가 되었기 때문입니다.

직장, 지역, 가정에 있어서도 한층 더 책임이 무거워지는 여러분의 세대입니다.

여러 가지 고생 속에서는 자칫 마음이 꺾일 때가 있을지도 모릅니다. 하지만 여러분에게는 신념이 있습니다. 힘들면 힘들수록 신념의 청년정신으로 모든 일에 승리해 주십시오.

인간은 누구나 괴로움이 있습니다. 괴로움이 없는 인생은 없습니다. 행복이란 이 괴로움에 지지 않는 것입니다.

신념이란 지지 않는 자신의 열정입니다.

맹렬하게 움직이고 결연하게 말하고 감연히 행동해갑니다. 그 신념의 기세로 괴로움은 다 날려버리고 나아가주십시오.

그 신념의 진수는 '환희 중의 대환희'입니다. 매일 생명이 약동하는 신념의 환희와 기세가 있으면 크게 안심하며 반석과 같은 인생을 살아가실 수 있습니다.

언제나 여러분이 이 일생을 승리로 장식하여 대승리의 인생을 영위하시길 바랍니다.

장년이란?

인생의 중요한 마무리이며 재도약의 때입니다. 바로 지금이라고 직시하는 것입니다.

세상을 위해 인류를 위해 사람을 위해서 얼마나 노력하는가에 따라 인생의 승패가 결정됩니다.

또한 일생에 걸친 자신의 행보로 결정됩니다. 그러한 노력만큼 자기 자신이 크게 빛나는 것이며 영예로운 인생을 후회 없이 살아가는 것입니다.

희망이 젊음을 낳고 목표가 인간을 만듭니다.

우리들의 인생도 일차원에서 말하면 단련된 영원한 젊음 즉 불

로불사를 스스로 견고히 다져가는 것이라 할 수 있습니다.

안이하게 현상에 만족하고 안주하고 희망과 도전의 마음을 잃어버린다면 그 순간부터 사람은 늙습니다.

우리들에게 새로움의 신념이란 무상의 희망입니다.

끝까지 살아가는 한 그 사람은 영원히 젊습니다. 그리고 더욱더 자유자재로 유희해가는 즐거움의 인생을 열어갈 수 있습니다.

감사합니다.

2장

긍정

서 인 석

현 교회 챔버 앙상블 플루티스트

학교, 문화센터 플루트 강사

중고등 음악 교원 자격

사회복지사 2급 자격

보육교사 1급자격

요양 보호사 1급 자격

인성지도 자격

명강사 자격

고려대 명강사 4기 교육위원

연락처: 010-6256-4724

이메일: fisuh@hanmail.net

불행의 늪에서
행복으로 가는 길목으로

고려대 명강사 최고위과정

오늘, 비가 부슬부슬 오는 날. 플루트 연주를 들으며 커피 한 잔의 여유를 이렇게 가질 수 있으리라고는 10여 년 전 그즈음엔 결코 이런 날이 오리라는 상상도 못 했었다.

올해 2월쯤이었던가? 교감으로 재직했었던 친구 이선정 선생님으로부터 전화가 왔었다. 서 선생한테 딱일 것 같은 과정이 있는데 살펴보라며 이런저런 내용을 안내해 주었다.

사실 그즈음 나에게 스스로 에너지를 충전해야 할 때인 것 같다는 생각을 하고 있을 때였다. 과정 내용은 그 친구가 추천해 준 거라면 샅샅이 검토를 안 해도 될 거라는 믿음으로 바로 마음을 정하였다.

마음의 결정 후 특별한(?) 나의 가족사로 인하여 먼저 딸내미한테 전화를 해서 도와줄 수 있냐 했더니 도와줄 시간이 된다고 한다. 다음으로 남편의 생각.....? 늘 평생 그랬듯이 OK.

그래서 난 생각지도 못하였던 '고려대 명강사 최고위과정'이란 그룹의 일원이 되었다.

그저 주어진 시간에 강의 들으며 스스로의 힐링 시간만으로도 충분하리라 하는 마음으로 접했으나 한 시간 두 시간 시간이 흐를 수록 뭔가 나의 인생의 또 다른 그림이 그려지는 듯했다. 언젠가 나와 같은 처지의 모든 이들에게 조금이라도 도움을 줄 수도 있을 것 같은 마음으로 매번 강의를 열심히 경청했다.

고대 명강사 4기 최고위과정은 서필환 주임교수님을 주축으로 15명 교수님들의 강의가 시간이 흐를수록 점점 더더욱 열강의 도가니가 되어 모두의 에너지의 근원이 되고 있었다.

또한 모든 원우분들이 훌륭한 인품으로 이미 사회 지도층의 중심 위치에 서 계시는 분들로, 특별한 인연의 만남이 감사하다.

10여 년 전 어느 날

어느 날 갑자기 나에게, 우리 가정에 찾아온 그날을 기억하고 싶지도 않지만 그 누구에게 위로와 용기를 줄 수 있다면 기꺼이 아팠던 상처를 내보이리라......

남편은 직장에서 이 시대의 마지막 선비라는 별명을 갖고 있으리만큼 성실하고 자기 책임을 완벽히 다하는 그런 성품의 소유자로 한평생 회사의 일원으로 최선을 다하는 그런 사람이었다.

한 집안의 든든한 장남으로, 한 여자의 남편으로, 또 한 집안의 믿음직한 맏사위로, 두 아이의 아빠로, 더할 나위 없는 그런 사람이었다.

해외 법인장으로 나아가 그 큰 공장 건설 마무리와 완공 후 현장을 3교대로 완전 풀가동하기 온 심혈을 기울였으리라.

훗날 생각하니 같이 동행하지 않았음이 많이 후회스러웠다. 그러나 그 당시에 나의 일이 있었기에 그리 멀지 않은 곳이니 왔다 갔다 하면 되겠지 하는 마음이었다.

아마도 같이 있었으면 남편 건강의 빨간불을 감지했을 것이라는 때늦은 후회와 아쉬움이 있다. 쓰러지기 열흘 전 혈압은 250이 넘었다 하니 지금도 그때 일이 상기라도 되면 온몸이 옥죄어 오는 듯하다……

서울로 오기에는 고공으로 많은 시간이 걸려 생존의 위기로 싱가포르로 가기로 결정되어 앰뷸런스 헬기로 싱가포르로 옮겨져 마운틴 엘리자베스 병원에 있는 몇 주 동안 일주일의 반은 싱가포르에 반은 서울에...

아득한 그 시절의 어려운 날들이었다. 그렇게 정신적·육체적 스트레스를 어떻게 이겨냈는지 모르겠다.

싱가포르에는 1급 병원 옆에 1급 호텔이 병행 운영되어 근처 나라 갑부들이 많이 와서 치료를 받는다. 본의 아니게 나 역시 호텔에서 지냈다.

그런데 아무리 좋은 호텔이면 뭐하나. 밤에는 더더욱 이런저런 생각에 온몸과 맘이 옥죄어 와 잠도 못 자고 뜬눈으로 지새우기의 연속이었다.

갓난아이의 기능으로 돌아간 남편의 모습을 보며 하염없이 흐르는 눈물을 주체 못 하며 허기도 못 느끼고 다니다가 이러면 안 되겠다는 마음에 아무 생각 없이 음식점에 들어가 홀로 맛도 못 느끼며 목으로 넘겼던 그런 날들이 수도 없이 많이 있었다. 어리석게도 6개월 정도면 어느 정도 남편이 일상생활은 할 수 있으리라 막연한 생각을 가지며 말이다......

남편이 현직에 있을 때 나의 수입은 우리에겐 그저 윤활유 역할쯤으로 생각했었다. 그러나 순간 이제 내가 가장이 될 수도 있다는 생각에 아무것도 놓치면 안 될 것 같은 생각이 스치는 순간 그리 바쁘게 한 주간 한 주간을 견딜 수밖에 없었다. 비행 중 기내 화장실에서 겨울옷에서 여름옷으로. 여름옷에서 겨울옷을 바꿔 입으며 남편에게 오가고 했었다

주님의 위로하심

그러던 어느 날 한밤중. 몸을 웅크리고 잠이 든 듯했는데, 거인인 듯한 누군가가 한참 동안 뒤에서 살포시 안아주면서 위로하심을 느꼈다. 그 크신 분의 따스한 위로가 지금도 또렷하다.

남편과 나는 그 시절 중학교 시험 입학 제도가 있어서 5, 6학년 때 과외를 같이 했었다. 중학교 입학 후 서로 모르고 지내다가 고2 때였던가, 여의도 빌리그래함 목사님 집회 이후 장영란 친구의 인도로 교회에 가니 남편인 그 친구가 이미 신앙생활을 하고 있었다.

난 유치부 교회학교를 거쳐 초등학교 2학년 때에 이사를 오며 단절되었던 하나님의 마음을 갈망하던 터에 빌리그래함 목사님의 말씀을 계기로 잃었던 하나님을 다시 찾은 것이다.

고등부를 거쳐 청년부로, 교회학교 교사 등등 참으로 열심히 봉사하면서 신앙이 자란 그 시절의 힘이 현재 내 삶의 원동력이 되었으리라.

지금도 그 시절부터 지속되고 있는 선후배로 구성된 에스더 회원들의 끊임없는 기도와 교회학교 고등부 영도타운 동기들의 위로와 배려가 큰 버팀목이 된다고 생각한다.

공저에 참여하게 되는 마음을 갖게 된 결정적 이유는 교회학교 고등부 시절부터 이제까지 우리 부부를 누구보다도 가까이 지켜보고 계시는 조병성 목사님의 응원이다. 늘 뵐 때마다 순간순간 메모 잘 해놓아 때가 오면 책을 꼭 이 세상에 내어 놓으라는 격려의 말씀을 주셨기에, 뜻하지 않게 약소하게나마 빨리 공저로 내어 놓게 되었다. 그 누구에게도 말하고 싶지 않은 지난 세월을 이렇게 오픈하게 되었다...

그 후 서울로 이송되어 본격적인 만 3년 동안의 병원 생활이 이어졌다.

현 의료보험제도하의 어쩔 수 없는 시스템으로 서울에 있는 대학병원이라는 병원은 모두 전전하면서 아침에는 간병인 아주머님께 남편을 맡기고 저녁에 병원으로 향하는 나의 일상이 이어졌다.

3년 동안 남편으로 인한 스트레스는 물론이고 간병인에게서 받는 스트레스 또한 힘에 겨웠다. 환자가 그동안 걸어온 인생의 모든 것은 물거품과 같이 사라지고 기본 인격조차 없어진 존재이기에 간병인에겐 그저 본인의 경제적 도구에 불과할 뿐이었다. 그런 남편의 처지를 생각하면 아침마다 울고 보채는 어린아이를 남에게 맡기고 나오는 어미의 마음과 같이 가슴이 미어지고 찢어지는 듯한 하루하루였다...

그 시절 지금까지 그 누구에게도 말하지 못한 어리석은 마음을 갖기까지 했었다. 가끔 주말을 집에서 보내게 되어 서강대교를 건널 때면 나약한 마음이 엄습해와 액셀러레이터를 밟으면 어떻게 될까... 믿는 자로서 회개의 마음을 주신 주님께 감사하다.

병원생활이 길어짐에 어쩔 수 없는 상황이 되어 남편도 언젠가는 요양원 등에서 생활해야 하는 그런 날이 오면 어쩌나 싶었다. 불안하고 애처로운 마음에 남편과 상의 후 사회복지사 자격 취득을 위하여 학교에 입학을 하게 된다.

훗날 내가 설립하여 같이 있으리라 하는 마음으로......

시간을 쪼개어 절박한 마음으로 시작을 잘 마무리하고 인생의 계획에 없었던 사회복지사와 보육교사 자격을 취득하게 되었다.

병원 생활 만 3년 후 집으로 오기로 결정하고 안방을 완전히 물리치료실화하고 남편이 집에 오니 그나마 모든 면에서 평정을 찾아가는 듯했다.

그래도 한편으론 그 시점 첫째인 아들은 군에 있었고 둘째인 딸은 대학 재학 중이어서 다행이었다.

아들은 입대 전에 약속했었던 제대 후 6개월간 공백기의 어학연수 일정도 아빠의 병원 생활로 인해 극구 가지 않겠다고 이야기를 하였다.

하지만 남편과 나는 아들의 인생에 걸림돌이 되기 싫은 맘에 절차를 다 밟아 제대 이틀 후에 출국하도록 준비해주었다.

훗날 아들에게 두고두고 감사의 말을 듣게 되었었다. 그 시절 한국 사람 없는 캐나다 오타와로 보냈더니 길지 않은 기간이었지만 많은 도움이 되었다고!

한편으로는 아빠의 위기상황이 아이들에게는 좋은 결과를 낳은 정신적 충격이었던 것 같다.

다행이 아들은 모든 엄마들의 로망 계열의 K대 대학원 석사 과정을 마치고 현재 대기업 연구원으로, 딸은 E대 대학원 피아노 반주과를 졸업하고 앞가림을 잘하고 있어 아픈 상처의 한 위로가 되고 있다.

현재 나는 여전히 학교, 문화센터 등 플루트로 출강을 하고 있다. 교회에서 챔버 앙상블 일원으로 매 주일 플루트 연주로 봉사하고 있고, 남편으로 인하여 얼떨결에 공부한 부전공 보육 전공의 길인 어린이집 일도 관여하고 있다.

일주일 단위로 바쁜 일과를 보내며 남편에 대하여도 최선을 다하고 남편이 나의 인생의 걸림돌이었다 하고 후회는 하고 싶지 않았기에 안으로 밖으로 열심을 다한다.

남편은 1급 장애로 육체적인 불편은 있지만 사고 이전과 변함없이 늘 온유한 성품으로 우리와 같이 공감하고 생활하고 있어 감사할 뿐이다. 가끔은 10여 년이 훌쩍 지난 이 시간에도 우리 부부의 이 현실이 꿈만 같이 느껴지는 세월을 보내고 있다.

그동안 남편의 지인분들, 친척 어르신들의 한결같은 염려와 관심이 감사할 뿐이다. 어려운 시절 잘 견뎌내주고 이해해주고 도와주는 아들과 딸에게는 미안하고 고맙다. 더더욱 한결같은 마음으로 응원을 아끼지 않으신 친정 부모님과 시동생들, 동서들, 친정 동생들, 제부들, 여러 명의 조카들.

늘 우리 집에 오면 큰아빠, 이모부 하며 목을 안아 에너지를 충전해주는 예쁜 조카들이 있어 큰 힘이 되었으리라. 요즘은 가까이 살게 된 사위와 손녀로부터 또 다른 에너지를 받고 있다…

이 해 운치 있게 첫눈이 오는 날이었음 하는 그날이 있다. 나의 연주 인생의 한 점을 찍으려는 그날. 플루트 독주회를 준비하고 있다. 사랑하는 동생들이 특별한 언니의 날에 준비한다 해서……

앞으로 더 아프지 않고 늘 이제까지처럼, 친구로 옆에 있어 주길 기도한다. 한 집안의 가장으로, 아이들의 아빠로, 남편으로…

늘 아침마다 우리는 행복지수를 체크한다. 늘 10점 만점에 10점… 이제까지 이렇게 나와 남편이 잘 견딜 수 있었던 것은 늘 주님이 함께해주심이었으리라.

또한 길현주 담임목사님과 여러분들의 중보기도로 하나님과 동행하는 굳건한 믿음의 삶에 감사한다.

고난에도 무너지지 않고 하나님과 동행하는 가정이 되게 하심을 감사드립니다. 앞으로 좋은 영향을 미치는 가정이 되게 하소서…

* 고대 명강사 최고위과정을 밟으며 이런 명강사의 길을 걷고 싶습니다. 앞으로 기회가 된다면 아래 내용으로 여러분들과 공감할 수 있는 시간을 갖겠습니다.

1. 크리스천으로서 고난을 승리의 길로 이겨낸 우리 가정을 주 하나님이 같

이하셨음을 여러분들께 증거하여 주님이 살아서 일하시고 계심을 함께 이야기하고 싶습니다.

2. 환자와 같이해야 하는 보호자에게 위로를 드리고 싶습니다.

3. 환자분들의 마음을 위로하고 용기를 드리고 싶습니다.

4. 요양 보호사님들께 환자에 대하여 여러 면으로 이해의 폭을 넓혀 드리고 싶습니다.

5. 평생 플루트와 같이한 자로서 마음 아픈 분들에게 연주로 위로와 응원을 할 수 있는 자이기를 원합니다.

6. 또한 우리 교육계 방과후학교의 산실부터 같이한 강사로서 25여 년간의 노하우를 통해 방과후학교 후배 강사들에게 도움이 되겠습니다.

정 학 진

인구교육전문강사(보건복지부, 인구와미래정책연구원)

퇴직공무원 명강사(공무원 연금관리공단)

충청남도 청양교육지원청 자유학기제 · 진로체험지원단

정원농원 경영(친환경 맛있는 밤 (맛─밤) 생산농장)

충청남도 청양군청 주민복지실장, 기획감사실장 (3급 명예퇴직)

인구교육전문강사, 퇴직공무원 명강사, 명강의 명강사 1급자격,

인성지도사 1급자격, 행정서사

공주대학교 산업과학대학원 농학석사

한국방송통신대학교 행정학사

고려대학교 평생교육원 명강사 최고위과정 수료

건국대학교 퇴직공무원명강사과정 수료

대전대학교 경영행정대학원 최고위과정 수료

홍조근정훈장, 대통령표창, 장관표창 다수 등

희망의 불씨, 도서출판 좋은땅(2015. 12)

명강사 25시, 공저, 행복한에너지(2016. 6)

연락처: 010─9362─8200

이메일: yeoudang@naver.com

사람이
미래이고 희망이다

'면서기'도 9급에서 3급까지 오를 수 있다

필자는 지난해(2015년) 말까지 지방공무원이었다. 다시 말해 9급 면서기에서 3급 부이사관까지 오른 지방공무원 면서기 말이다. 가끔 시장에 가면 지역 어르신이 나를 '정 서기'라고 부른다. 이는 정학진 면서기를 줄여 부르는 애칭이다.

얼마나 정감 좋은 애칭인가? 부이사관으로 퇴직한 지금도 나는 면서기이다. 면서기인 공무원 신분을 접고 명예퇴직을 해야겠다고 결심한 것은 지난해 9월 10일이다. 특별한 이유가 있어서가 아니라 시골에서 면장도 해보고 다시 군청으로 와서 재난관리과장과 재무과장, 공공시설사업소장과 기획감사실장을 한 후 주민복지실장까지 하였으니 후배들에게 내 자리를 내어줘야겠다는 용단을 내린 것이다. 그리고 사무실에 출근하여 같이 근무하는 여섯 분의 계장님과 같이 티타임을 하면서 나의 결심사항을 맨 먼저 알렸다.

"내가 올 연말에 명예퇴직을 하려고 하니 그리 아세요. 그리고 이

사실을 군수님께 보고드리고 올 때까지 못 들은 것으로 하세요."

　군수보다 맨 먼저 같이 일하는 계장님들께 말하는 것이 당연했기 때문이었다. 모두가 아무 말도 못 하면서 황당해하는 모습들이었다. 그렇게 나는 정년 2년을 앞두고 2015년 12월 30일 명예퇴직을 했다. 주위에서는 나를 걱정 아닌 걱정들을 많이 해주었다. 왜 그리 좋은 직장을 더 다니지 명예퇴직을 하느냐며 많이 섭섭해했다. 그리고 앞으로 무엇을 할 것인지도 걱정해 주었다.

　사실 나는 어려서부터 농사일에 익숙해져 있었기 때문에 농부가 되어야 하겠다는 결심을 했다. 그러면서 두 살 난 손자를 돌보아 줘야겠다고는 생각이었다. 조금이라도 젊은 나이에 내가 있던 곳을 스스로 정리하고 때가 되면 미련 없이 떠나야 한다는 평소 생각을 실천한 것이다. 마음의 결정을 하고 사랑하는 아내와 상의하고 자식과도 의논했다. 나보다 사실 어려운 결정을 해 준 사람은 아내였다. 고마웠다.

명예퇴직을 하면서 '희망의 불씨'를 지폈다

　그렇게 마음을 내려놓으니 마음이 편했다. 그리고 9월 말부터 평소에 준비해 온 '희망의 불씨'를 집필하면서 출판사와 출판과정을 하나하나 챙겨 나갔다. 면서기 생활 38년을 한 권의 책으로 엮어서 후배 공직자에게 귀중한 지침서가 되고 일반 독자에게는 공무원을 이해하는 유익한 내용의 책이 되기를 바라면서 말이다.

추천도서 희망의 불씨

2015년 12월 30일은 공무원사회의 새로운 공직문화를 만들어
주고 '나도 할 수 있다'는 희망의 불씨를 지펴준 날로, 한 권의 책
을 들고 명예퇴직한 제1호의 주인공이 되었다. 그리고 내가 쓴 책
이 서울을 비롯하여 전국유명 서점에 깔려 있다고 생각하니 감개
무량했다.

2016년 1월부터 아내와 나는 책을 찾아 서울과 부산, 대구와 포
항, 수원과 의정부 등 전국 서점투어를 하고 있다. 그러면서 다른
책도 보면서 그곳의 문화와 풍물을 체험하고 맛집을 찾아 떠나는
서점투어의 즐거움은 곧 행복으로 이어졌다. 또, 사회에 나서고
보니 '형설지공은 옛말'이라는 말이 있듯이 잊히기 전에 38년의 경
험과 지혜를 살려 우리가 사는 사회를 이롭게 해야겠다는 생각이
나의 머리를 스쳤다.

옛말이 되기 전에 무엇인가 해야겠다. 그래서 택한 것이 보건복지부의 인구교육 전문 강사와 '고려대 명강사의 길'과 공무원연금관리공단과 건국대에서 진행하는 퇴직공무원 명강사과정으로 내 몸을 더욱 새롭고 더 낫게 하기 위한 내공을 들인다. 퇴직 후 절친한 친구를 만났다. 그 친구 역시 강사의 길을 걷고 있는 선배이기도 했다. 100세 시대, 2년을 준비하고(정년까지 남은 기간) 20년 먹고 살 준비를 하는 것이 현명한 판단이란다.

그러면서 지방행정 분야의 전문 강사가 없으니 같이하자는 제안도 해 주었다. 내려놓으니 생각의 폭과 선택의 폭이 넓어졌다. 생각이 바뀌면 행동도 바뀌게 되기 마련이다. 세상이 아름다운 것은 도전할 수 있기 때문이다. 보다 새롭고 더 낫게 살 수 있는 길은 많이 있다. 이는 사람이 미래이고 희망이기 때문이다.

명강사의 길로 인도해주신 성공사관학교 서필환 교장 선생님께 감사드린다.

서울 한복판 종각의 영풍서점에서

청년정신은 도전정신이다

요즈음 사회의 어려움과 경제적인 이유로 일상을 포기하는 게 무척 많다는 것이다. 특히 젊은 세대인 청년들의 포기는 있을 수 없는 일이다. 왜냐하면 청년정신은 곧 도전정신이기 때문이다. 언제부터인가 우리 사회에 3포, 5포, 7포, 아니 심지어는 모든 것을 다 포기한다는 N포란 말까지 등장했다고 하니 이는 심각한 사회 문제가 아닐 수 없다.

취업은 물론 연애와 결혼과 출산을 포기한 세대가 3포세대란다. 결혼과 출산은 삶을 살아가면서 인생의 한 생애주기인 것이다. 생애주기를 포기한다는 것이 과연 말이나 되는 이야기인가? 상황이 이쯤 되면 희망 더 나아가 인생을 포기한 것이다.

우리 인생살이 호락호락한 것 하나 없다. 하지만 아무리 어려운 일이라도 못 푸는 일이 없는 것 또한 인생이다. 힘들고 어려운 일은 동행하고 함께하면 되는 것이다. 이것이 가족이고 사회와 국가라는 공동체이기 때문이다.

나라까지 남의 손에 맡길 것인가?

취업을 하지 못하니 연애할 시간이 없고 이는 늦은 결혼으로 이어져 아예 결혼까지 포기하기에 이른다는 것이다. 또 우리의 전통 결혼문화는 법에 의한 법률혼이니 결혼을 못 하면 아이를 가질 수 없는 문화이다.

당연히 출산율이 떨어지는 것은 아주 자연스러운 이치이다. 특히 늦게 결혼하는 만혼 역시 길어진 교육기간과 교육 후 취업이 어렵거나 비정규직의 고용 불안과 마땅한 이성을 만나기 어렵다는 이유에서다.

최근 여성의 초혼 연령이 30세를 넘어섰다는 보도는 우리 사회를 더욱 어둡게 하고 있다. 우리나라 여성은 초산연령이 30대 이후부터는 보건의료적 관점에서 출산력이 감소한다는 것이다. 그러면서 둘을 낳을 사람이 이러한 이유에서 아이를 하나밖에 못 두니 출산율 역시 떨어지게 된다.

우리나라의 합계출산율이 1960년대 6명에서 1980년대 2.8명, 2000년에는 1.4명에서 2005년에는 사상 최저인 1.08명을 기록했고 2015년에는 1.23명이다. OECD 국가 중 최하위인 최저출산율을 기록하면서 80년대 이후 대체출산율인 2.1명을 지금까지 넘어서지 못하고 있는 실정이니 안타깝기 그지없다.

국가의 구성요소가 국민과 영토, 주권이다. 나라의 구성요소인 국민이 줄어든다니 말이 되는가. 우리 할아버지께서는 독신을 면하기 위해서 세 번 이사를 하셨다 한다. 필자 또한 손자를 돌보기 위해 명예퇴직까지 했다. 이러한 일련의 행동들이 가족의 번성을 위한 관심이고 활동이라 할 것이다. 가족의 번성은 사회의 구성원이 되고 나라 번영의 기본이 되기 때문이다.

국회입법조사처 추계에 따르면 지금과 같이 출산율이 하락할 경우 120년 후인 2136년에는 우리나라의 인구가 1,000만 명으로 줄어들고 2750년에는 대한민국 인구가 소멸할 것으로 예상된다는 충격적인 분석이 나오고 있다. 2009년 UN 미래보고서 역시 2700년 종국에 인구가 없는 나라로서 대한민국이 없어질 것이라고 예측했다. 무서운 이야기이다.

이처럼 인구문제는 국가는 물론 사회전반에 심각한 문제를 야기하게 된다. 우선 학생 수가 감소하니 교육기관은 물론 학교시설이 남아돌게 되고 교사가 직장을 잃게 되면서 사회 전반적으로 불균형이 시작된다. 이는 국민 누구나 공감하고 있는 실정으로 교육정책의 사회구조적 개선도 필요하다.

또한 생산성 인구가 감소하여 산업구조의 변화로 저성장경제로 바뀌면서 사회보장 부담이 증가하고, 고령화가 지속되면서 노후생활의 불안은 여전하다는 것이다. 사회문제가 이쯤 되면 문제는 여기에서 그치지 않는다. 이는 국방의 문제로 이어져 군대 갈 사람이 없게 된다는 것이다.

야구와 농구, 배구와 축구에서 용병을 쓰듯 나라를 지키는 일에도 용병을 수입해서 남의 손에 맡긴다면 어떻게 되겠는가? 우리나라 곡간의 열쇠를 남의 나라 사람에게 맡기는 격이다. 그러나 우리 동네에 아이 울음소리가 없어졌다는 사실은 알면서도 모르는 척, 관심 밖이다.

인구교육 전문강사로 태어나다

2016년 4월 7일 세종중앙농협 여성대학에서 열강하는 모습

필자는 지난 2월 중순부터 3월 중순까지 보건복지부와 인구와미래정책연구원에서 실시하는 인구교육 전문강사 양성과정의 교육을 이수하고 인구문제에 관해 일선에 나서기로 했다.

물론 38년의 공직생활을 하면서도 줄어만 가는 청양군의 인구문제에 대한 기획과 전략 등 기본적인 식견을 갖고 「2020 프로젝트」를 기획·수립·가동하여 출생은 물론 귀농, 귀촌에 이르기까지

인구 증가에 몰입한 결과 2013년에는 50년 만에 처음으로 인구를 증가시킨 장본인이기도 하다.

인구가 늘어나기 시작하니 군민들이 희망을 갖기 시작했다. 그러나 인구 증가는 개인과 가정, 사회와 자치단체만의 노력으로 한계가 있다. 어떻게 하면 결혼문화 인식을 개선하여 조기에 결혼할 수 있는 사회적 구조와 새로운 문화를 만들어갈지 고민을 해야만 한다.

대체 출산율인 둘 이상의 아이를 둘 수 있도록 아이를 키우기 편한 세상을 만들어야 한다. 이는 양성평등은 기본이고 일과 가정이 양립되어 임신과 출산 그리고 육아에 이르기까지 눈치를 보지 않고 인사상 불이익이 없는 기업과 사회분위기를 만들어야 한다. 남성들의 육아참여는 물론 가정생활의 일정부분을 분담하는 역할을 할 때만이 가능할 것이다.

아울러 정부 차원의 적극적인 정책수립과 개입도 필요하다. 이는 출산과 출생은 개인적인 활동이지만 국방의 의무와 납세의 의무가 주어지는 공공재이기 때문이다.

다행히 정부에서는 제3차(2016~2020) 저출산·고령사회기본계획을 수립하고 신혼가정을 위한 행복주택 건립 등 사회적 역량을 집중해 나가고 있어 무척 다행스럽게 생각하고 있다. 그러나 보다 적극적인 계획은 단지형태의 행복주택을 몇 동 건립한다고 해결되는 것이 아니다.

앞으로 남아돌 일반주택을 매입하여 사회 곳곳에 필요한 주택을 미리 확보한 후 신혼부부에게 임대해 주어 결혼비용을 줄여 조기 결혼의 여건을 마련해 주는 것도 바람직한 정책이라 할 것이다.

사람이 미래이고 희망이다

원우들과 함께

출산과 출생은 축복이고 희망이다. 우리가 사는 세상에 같이하는 기회를 타고나니 기쁜 일이 아닐 수 없다. 그러나 저출산은 우리의 덫이 되고 있다. 저출산의 문제를 해결해야만 고령화된 노후 생활의 삶의 질을 향상시키고 경제적인 사회부담을 완화하면서 고령화의 리스크를 줄일 수 있기 때문이다.

출산율 회복에 성공한 나라들을 보면 양성이 평등한 사회를 만들어 노동시장에서 임금격차와 고용상 차별이 심하지 않으며 일과 가정이 양립되고 있다. 아울러 남성의 육아 및 가사 참여 수준이 높고 자녀 양육 부담이 크지 않다. 임신과 분만 등 보건인프라와 질 높은 돌봄체계가 잘 구축되어 있으며, 가족에 대한 다양한 사회문화와 제도를 수용하고 있다.

지금까지 우리나라가 경제성장의 신화를 이룰 수 있었던 것 역시 사람이었다. 파독광부로부터, 월남참전과 중동건설의 신화를 기반으로 우리 경제는 국민소득 2만 불 시대를 넘어 3만 불시대로 가고 있지 않는가? 지금 우리는 50-20이니 50-30(인구 5천만에 국민소득 3만 불)이라며 우리나라가 세계에서 7번째인 나라라고 자랑스럽게 떠드는 것조차 불안하다.

2006년, 영국의 옥스퍼드대학교 데이비드 콜먼 교수는 저출산율을 극복하지 못한다면 2700년대 지구상에서 사라질 최초의 나라가 대한민국이 될 것이라고 경고하기도 했다. 그렇다면 우리는 어떻게 할 것인가? 답은 확실하다. 출산율을 높이는 것이다. 이는 보건의료, 보육, 교육, 노동시장, 주택, 복지, 문화 등 사회 전반적인 부분에서 다발적인 변화가 이루어져야 가능하다.

출산과 육아는 여성의 몫만이 아니다. 가임여성만이 출산율을 높이는 것이 아니다. 우리 모두가 관심을 갖고 아이를 낳고 잘 키울 수 있는 가정과 사회분위기를 만들어 줘야 한다. 인구 5,000만을 유지하기 위해서는 대체출산율 2.1명은 반드시 유지되어야만 한다. 이는 국민 모두의 인식전환과 사회경제시스템은 물론 문화가 변해야 가능하다.

부존자원이 없는 우리나라는 사람이 미래이고 희망이기 때문이다.

성공사관학교 성사데이

박 인 숙

한양대 공공정책대학원 행정학 석사(고령화사회복지)

박인숙참여교육원 원장

(전)안산대학교 웰니스 성교육 외래강사

국민건강보험공단 강남서부지사 자문위원

국민건강보험공단 강남서부지사 노인장기요양보험 등급판정위원

서울성모병원, 한국Pfizer제약, 녹십자제약, Saudi Arabia,
Jeddah, Maternity & Childrens Hospital(임상간호사, 산업체 교육
간호사로 근무)

성교육, 약물오 · 남용 예방교육, 인성교육

고려대 명강사 최고위과정 수료

인성지도사 1급 자격 / 명강사 명강의 1급 자격

연락처: 010-3722-6229

E-mail: insookgn6229@hanmail.net

강사님!
혹시 강의 가능하세요?

강사로서의 인생 시작

"강사님! 혹시 강의 가능하세요?"

요즘 내가 가장 많이 듣는 말이다. 아직 봄이지만 12월까지 선약된 강의가 빼곡하다. 실제로 일정상 도저히 시간을 낼 수 없어 강의 의뢰를 수락할 수 없는 경우도 많다. 이것은 13년간 성실히 강의현장을 누빈 나의 노력의 산물이다. 13년이란 짧지 않은 세월, 얼마나 많은 우여곡절이 있었던가?

지난가을, 폭주하는 강의를 감당하기 어려워 길을 걷다가 쓰러져 병원으로 실려 가는 일이 있었다. 병상에 누워 수액을 맞고 겨우 기력을 회복해 집으로 돌아왔다. 여전히 밀려오는 강의 일정을 소화해 내는데 가장 큰 난적은 건강관리를 통한 체력의 안배이다. 개인의 건강과 활력 넘치는 강의를 소망하며 지난 세월을 반추하면서 새로이 강의 분야에 입문하는 초보강사들을 위해 이 글을 쓰고자 한다.

2002년 가을햇살이 눈부시던 어느 날, 대한에이즈예방협회의 문을 열었다. 대학동기가 에이즈 예방교육을 한다는 소식을 들은 나는 무작정 프로필 한 장을 들고서 용기를 내 협회를 방문했다. 이것은 강사로서의 첫 번째 행보였다. 당시에는 에이즈에 대한 사회적 편견이 심했던 때라 인터뷰가 진행되는 내내 '과연 해낼 수 있을까'라는 걱정이 앞섰지만 설렘도 있었다.

강사로서의 내 길은 이렇게 시작됐다. 당시 면접 인터뷰를 담당했던 국장님은 "인터뷰 때 보여주었던 박 선생님의 열정을 지금도 잊을 수가 없어요."라고 말씀하신다. 강사로 참여하기 시작하면서 강의를 위한 다양한 교육을 받았고 많은 시연의 기회도 가졌다. 그런 과정을 통해 나는 강사로서 다듬어지고 있었다. 강의라는 새로운 세상에 눈을 뜬 나는 다행히 적성에도 잘 맞아 하루하루를 즐겁게 보낼 수 있었다.

그렇지만 강의는 그렇게 녹록지 않았다. 대박도 나고 쪽박도 나니 도대체 무엇이 문제인지 궁금해지기 시작했다. 열정은 가득했으나 제대로 된 교육을 받지 못해 강사로서 부족하다는 사실을 깨닫게 됐다. 요즘은 인터넷이 발달해서 검색만 하면 쉽게 원하는 단체에 대해 관련 정보를 찾을 수 있지만 당시에는 필요한 정보를 얻기까지 안개 속을 걷는 것처럼 어려움을 겪어야 했다.

그러던 중 번뜩이는 아이디어가 내 머릿속으로 파고들어왔다. "하늘은 스스로 돕는 자를 돕는다."라는 말을 실감할 수 있었다. 무엇이든 하고자 애를 쓰면 길이 열린다는 사실을 깨닫게 됐다. 학교나 기업체를 비롯해 병원, 군부대, 경찰서, 소년원, 노인복지관, 수련관 등 다양한 곳으로 강의를 다녔던 나는 우연히 마주치는 강사들과 자연스럽게 친분을 쌓아갈 수 있었다. 그리고 그들과의 교류를 통해 많은 정보를 얻을 수 있었다. 내 인생의 철칙은 '되를 주면 말로 돌아온다'는 것이다. 성공의 법칙에 따르면 '주고 주고 또 주면 모두 다 받는 것'이고, '남을 성공하게 해야 내가 성공하는 것'이다. 이 같은 원칙을 실천한 것이 나를 성공으로 이끌게 했다고 자신 있게 말할 수 있다.

에이즈 예방교육 강사의 나는?

당시 나는 에이즈 예방교육 전문 강사로 조금씩 성장하고 있었다. 에이즈의 정의, 감염경로, 예방법 등이 강의의 주된 내용이었다. 이밖에 에이즈 진단을 받더라도 '후천성면역결핍증예방법'에

따라 본인 부담액을 국가에서 지원해주는 제도를 활용할 수 있다는 사실 등을 열심히 알리고 다녔다. 에이즈 진단을 받게 되면 평생 약을 복용해야 하는데, 대략 2억 원 정도가 소요된다. 그 액수에 놀라기도 하지만 확진을 받았을 때의 충격은 상상 그 이상이다. 누구 할 것 없이 에이즈 확진 판정을 받으면 이성을 잃고 공황 상태에 빠져든다.

몇 년 전 보수교육을 통해 알게 된 인하대병원 감염내과 교수는 "환자에게 HIV 감염인이라고 진단명을 이야기해준 후 그가 문을 열고 나가는 뒷모습을 보면 착잡한 마음이 좀처럼 가시지 않는다."라고 말한다. 특히 청천벽력 같은 소식을 전해들은 감염인이 기가 막힌 현실 때문에 자살을 선택하는 우를 범할까 봐 무척 조심스러웠다고 한다. 요즘은 그러한 문제 해결을 위해 진단을 받은 감염인이 옆방으로 가서 기존 감염인을 만나 그의 조언을 듣게 하는 등 감염인을 위한 배려를 해주는 것이 일반화되고 있다.

세상은 변하고 발전했다. 요즘 에이즈는 만성적인 질병으로 제3군 법정감염병이다. 과거에 비하면 에이즈에 대한 사회 전반의 공포가 많이 줄어들었다. 실제로 에이즈는 얼마든지 예방할 수 있고 치료도 가능하다. 진단을 받더라도 35년에서 40년까지 생존이 가능하고 에이즈가 완치되었다는 기사가 간혹 보도되기도 한다. 그럼에도 불구하고 에이즈예방교육이 반드시 필요한 이유는 발병 원인의 무려 99.2%가 성 접촉이기 때문이다. 인터넷의 역기능이나 스마트폰 어플의 눈부신 발달로 누구나 쉽게 왜곡된 성에 노출이 될 수 있다. 마치 음란물 속의 영상이 일반적 성의 모습으로 착각하는 데 문제가 있다.

음란물은 한마디로 허구다

음란물을 접하는 1단계는 호기심의 단계로 놀라기도 하고 호기심을 갖게 된다. 다시 음란물을 보고자 하는 욕구가 강하게 나타나는 것이 이때의 특징이다. 음란물을 자주 접하게 돼 2단계에 이르면 차차 싫증을 느끼게 되고 점차 더 자극적인 내용을 찾아 호기심을 충족시키려 한다. 3단계까지 도달하면 비현실적이고 정상적이지 않은 행동이 일반적으로 느껴져 누구나 그렇게 한다고 생각하게 된다. 음란물에서 표출되는 비위생적인 성행위나 비정상적인 행동이 일반적인 성의 행태로 착각하는 것이다. 다음인 4단계가 되면 실제 성행위를 경험해 보려는 욕구를 느끼고 특히 음란물에 나온 장면을 흉내 내고 이성과의 성행위나 성폭력을 시도하려 한다. 성은 사랑, 쾌락, 생명의 모든 것이 포함되는 스토리인데 상업적인 목적으로 만든 음란물은 삽입성교를 중심으로 제작하다 보니 왜곡된 성을 그리게 된 것이다.

이런 음란물에 노출돼 음란물 중독으로 건강하지 못한 삶을 영위하는 사람이 있는가 하면, 그대로 따라서 하다가 범죄자가 된 사례도 많이 보았다. 호기심은 누구에게나 있다. 하지만 옳고 그름을 구별하지 못하고, 스스로를 자제하고 조절하지 못한다면 어찌 그것이 당당한 삶이라 하겠는가?

바람직한 성은 삶의 활력이고 소통이며, 서로 배려하고 존중하는 인간관계인 것이다. 오로지 성을 행위 자체에만 초점을 맞추다 보면 건강하지 못한 성에 직면하게 된다. 예방교육의 목적은 제대로 된 지식을 안내해주어 행동의 변화를 불러일으키는 것이다. 혹자들은 HIV 감염인을 격려하면 되는 것이 아니냐고 말한다. 하지만 그렇게 말하는 자신도 감염의 당사자가 될 수 있다고 생각하면 그래도 그렇게 말할 수 있을까? 사람이 세상을 살다 보면 돌부리에 걸려 넘어지기도 하고 원치 않는 사고도 마주하게 된다. 또한 이러한 진단도 받기도 한다. 이제는 HIV 감염인의 인권을 사회적 담론으로 이야기하는 시대가 되었다. 인권은 한 사람 한 사람의 존엄에 주목하는 자세라고 하였다. 누구라고 이러한 진단을 받은 귀한 생명에게 돌을 던질 수 있겠는가?

에이즈는 HIV라는 원인 바이러스에 의해 면역이 서서히 파괴되어 여러 가지 질병에 걸려 사망하는 후천성면역결핍증후군이다. 알고 보면 에이즈는 감염경로가 확실하다. 감염경로는 크게 성 접촉, 수혈, 주사기 공동사용, 수직감염으로 압축된다. 감염인인 어머니가 출산한 아이가 비감염인인 경우에도 예방 차원에서 에이즈 치료제인 항레트로바이러스 약을 6주 이상 먹이고 모유수유를 금하도록 조치한다. 이러한 안전수칙을 잘 지키면 감염의 위험에서 벗어날 수 있다. 에이즈의 예방법은 성관계 절제, 콘돔사용, 검사, 꾸준한 치료이다.

매년 12월 1일, 나는 수원역 광장에 있다

12월 1일은 세계 에이즈의 날이다. 매년 그날이 오면 나는 반드시 수원역 광장에 나가 캠페인에 참여하는 의무를 지킨다.

UNAIDS와 WHO가 제정한 날로써 감염인/환자의 차별을 없애고, 에이즈에 대한 관심을 높이자는 의미 있는 날이다. 레드리본의 착용은 에이즈 예방에 힘쓰고 감염인을 차별하지 않겠다는 국제적인 약속이다. 레드리본은 에이즈에 대한 관심과 희망, 지지의 국제적 상징이다. 강사는 말로만 하는 직업이 아니고 실천을 하는 본을 보임으로 우리 사회가 변화하는 데 일조를 해야 한다고 생각한다. 며칠 전에도 감염인 지인을 만나서 반갑게 이야기를 나누고 점심식사를 함께하는 소중한 시간을 가졌다.

에이즈강의에서 폭넓은 성교육으로

에이즈 예방교육 전문 강사에서 출발했지만 점차 시간이 지나면서 성폭력이나 성희롱, 성매매, 가정폭력, 양성평등 등을 주제로 한 강의 요청이 점차 많아지고 있다. 처음에는 에이즈예방교육 전문가가 되겠다는 생각에 다른 강의 요청을 거절하였으나 대세를

거스를 수 없었다. 부족함을 알기에 여러 단체를 찾아 밤낮을 가리지 않고 공부를 하고 많은 자격증과 수료증을 취득했다. 그러면서 통합교육의 진정한 의미를 알게 되었고 이것이 일맥상통하게 서로 연관이 되었다는 사실을 깨닫게 되었다. 지식은 날로 발전을 하기 때문에 대중을 상대로 교육을 진행하는 강사는 배움을 게을리할 수 없다. 배움을 게을리하는 강사는 교육시장에서 살아남을 수 없다는 사실도 강의 분야의 외연을 확대해 가면서 깨닫게 되었다.

인구보건복지협회의 '성교육 이론과 실제' 총 10일 과정은 그야말로 강행군이었다. 여건상 주말반인 토요일에 공부를 하게 되었는데 오전 10시부터 오후 6시까지 매주 토요일마다 여기에 매달려야 했다. 나는 그때 성교육의 전반적인 이론과 실제에 눈을 떴다. 이미 에이즈예방교육을 하고 있던 터라 전반적인 성교육 내용이 쏙쏙 머릿속에 잘 들어왔다. 당시 교육을 진행한 교수진의 강의도 내용이 알차 교육을 받으며 큰 보람을 느꼈다. 강의 시연도 무난하게 해냈다. 시연 후 전문가들로부터 피드백을 받으며 나의 문제점을 알게 되었다. 그런 과정을 거듭하며 점차 나아지는 나의 모습을 발견하게 되었다.

한참 배우는 재미에 빠져들었던 무렵인 2008년 한양대 대학원의 문을 두드렸다. 인생은 매번 문을 열고 앞으로 나가는 것이라고 평소 생각한다. 내가 죽음에 이르렀을 때 후회하지 않기 위해 매사 열심히 살아야 한다고 생각한다. 그것이 강의든, 배움이든, 설령 놀이라 해도 열심히 최선을 다해야 한다는 것이 나의 신념이다. 부모님께 감사한 것은 내게 강한 체력과 정신력을 주신 것이다. 대학원 2년 반의 과정은 그야말로 주경야독이었다.

특히 논문을 밤새워 쓰면서 새벽을 맞이했을 때 기분은 그야말로 내 인생 최고의 행복한 시간이었다. 논문 주제가 「HIV/AIDS 감염인의 스트레스 및 대처행동과 심리사회적 적응에 관한 연구」이다 보니 설문을 받기가 너무나 어려웠지만 다행히 감염인 지인의 도움으로 해결할 수가 있었다. 나는 논문을 통해 국내의 HIV/AIDS 감염인이 스트레스에 대한 심리사회적인 적응을 할 때 대처행동이 조절변수로서 역할을 하는지를 탐색하고자 하였다. 이에 따른 HIV/AIDS 감염인의 인구사회학적 특성과 의료적인 특성을 조사, 분석하여 변수들 간의 차이를 살펴봄으로써 향후 바람직한 정책 수립에 기여하고자 하였다.

연구결과에 따르면 첫째, 연령대별로 심리사회적 적응에 차이가 있는지를 분석해본 결과, 전반적인 적응의 정도가 보통보다 낮은 것으로 나타난 가운데 60대가 적응을 가장 못하는 것으로 나타났다. 둘째, 감염 확인 후 경과된 기간이 길수록 심리사회적 적응의 정도가 낮은 것으로 나타났다. 셋째, 스트레스와 심리사회적 적응과 관련하여 단일회귀분석을 한 결과, 회귀분석을 실시하기에 앞서 변수 간의 상관관계를 분석해보니 스트레스와 심리사회적 적응 간에는 음의 상관관계 계수가 있는 것으로 나타났다. 또 통계적 유의수준하에서 영향을 미치는 것으로 나타났다. 즉, HIV/AIDS 감염인의 스트레스가 많으면 심리사회적 적응이 어렵다는 것이 논문을 통해 입증됐다.

  마지막으로 스트레스와 심리사회적 적응의 관계에서 대처행동이 조절효과를 갖는지 여부를 검증하기 위해 3단계의 위계적 회귀분석을 실시하였다. 상호작용항은 다중공선성의 문제를 피하기 위해서 평균중심화 방법을 사용하였고 가설에 대한 분석결과, 회귀식의 설명력을 나타내는 모형의 단계가 올라갈수록 점점 더 증가하고 있는 것으로 조사돼 대처행동은 스트레스와 심리사회적 적응 간의 영향관계에서 조절작용을 하는 것으로 나타났다. 나는 논문을 통해 종전보다 더 깊이 감염인을 이해하게 되었다. 더불어 우리 사회에서 에이즈에 대해 내가 해야 할 역할도 깨달을 수 있었다. 당시에 희귀논문이라고 열심히 도와주셨던 지도교수님께 진심으로 감사드린다.

흡연예방교육과 금주교육에 참여하게 되다

지인의 소개로 나우보건연구소를 방문하게 되었다. 내가 강사로 추구하는 비전이 정립됐고, 보수교육까지 받게 되자 나는 강사로서 쑥쑥 커갔다. 세월이 흘러 어느새 선임연구원에서 책임연구원으로 일하게 되었다. 나의 배움에 대한 욕구는 여기서 멈추지 않았다. 수원에 위치한 '탁틴 내일'에서 장장 1년 과정의 성폭력, 성희롱, 성매매, 양성평등, 가정폭력 등 성과 관련된 고된 교육과정을 단 한 번의 결석 없이 마무리하였다.

나의 장점은 시작하면 반드시 해낸다는 것이다. 때로는 고단한 삶으로 포기하고 싶은 유혹이 있었지만 누가 시켜서 하는 것이 아니고 내가 좋아서 하는 일이니 포기할 수 없었다. 그래서 단 한순간도 놓치지 않고 학업에 열중했다. 어느 날 수원 탁틴의 교육담당 선생님이 청소년의 흡연예방교육에 관한 재능기부를 요청해왔다. 흔쾌히 강의 요청을 수락해 기쁜 마음으로 강의를 진행했다.

간호학을 전공한 내게 흡연예방교육은 크게 어렵지 않았다. 2009년 한국금연운동협의회의가 주최하는 흡연예방교육 프로그램에 참여했다. 기본과정과 심화과정교육을 이수한 후 제대로 된 흡연예방교육 강사가 되었다. 요즘은 쏟아지는 흡연예방교육으로 즐거운 비명을 지르고 있다. 하지만 초등학교부터 성인에 이르기까지 다양한 학습자를 만족시켜야 하기에 철저한 준비와 많은 공부가 필요하다. 내친김에 액셀러레이터를 더 밟아 대한보건협회에서 음주폐해전문강사 자격증도 보유하게 되었다.

작년에 이어 올해도 구로구보건소의 프로젝트에 참여하는 개가

를 이뤘다. 중학생을 대상으로 4차시에 걸쳐 금주교육을 시행하게
되니 철저한 준비가 필요했다. 3명의 강사가 한 팀을 구성해 강의
에 나섰다. 기본적으로 간호학을 전공한 데다 석사학위를 갖고 있
는 전문가들로 팀이 구성됐다. 팀원 중 나보다 훨씬 어린 강사는
톡톡 튀는 아이디어로 학생들의 시선을 사로잡는다. 그는 늘 내게
가르침을 준다. 나는 학생들을 만나러 가는 날에는 참여수업에 필
요한 도구는 물론 그들에게 나눠 줄 간식도 꼼꼼하게 챙긴다. 세
상에 널린 것이 강의의 소재이다. 감수성을 갖고 바라보면 강사는
신나는 직업이다. 강의장에선 호기심과 기대심에 가득한 이들이
나를 기다린다. 어찌 대충 갈 수 있는가? 강단에 서는 나는 드레스
코드부터 완벽하리만큼 철저히 챙기고 또 챙긴다.

한신교육연구소와 우리누리청소년회
지인들의 소개로 나는 많은 단체와 함께하게 되었다. 한신교육
연구소는 오산에 위치해 있기 때문에 서울시 강남구에 거주하는

나로서는 만만한 위치가 아니었다. 하지만 배움의 열정이 넘치는 나에게 물리적 거리는 문제가 되지 않았다. 스타강사인 임정혁 소장님과의 만남은 그렇게 시작되었다. 나는 그곳에서도 역시 많은 것을 배우고 열심히 공부해서 어린이와 청소년의 안전지도관리사 자격증도 취득하게 되었다.

우리누리청소년회는 성교육과 약물오·남용예방교육을 하는 나에게 딱 맞는 파트너였다.

안산대학교 외래강사로 대학 강단에 서다

나는 대학에 특강을 많이 다녔지만 고정된 수업을 하고 싶은 욕심이 있었다. 그런 나에게 드디어 기회가 찾아왔다. 안산대학교 웰니스 성교육 과정에 외래강사가 된 것이다. 학교에 제출해야 하는 서류도 많았고 중간고사와 기말고사도 챙겨야 하는 등 할 일이 너무 많았다. 게다가 수시로 안산대학교에 가는 일이 만만하지가 않았다. 하지만 그때의 기억은 신선함으로 내 가슴의 한편에 자리 잡고 있다.

수원시여성근로자복지센터에서 인권에 대해 눈을 뜨다

어느 날 나는 또 수원시여성근로자복지센터의 문을 열고 있었다. 나는 그곳에서 역시 노동인권에 대한 공부를 하였고 인권에 눈을 뜨게 되는 귀한 시간을 만나게 되었다. 노동인권은 철저한

반별수업이다. 노동의 의미, 가치, 행복밥상, 공정한가, 근로기준법, 산업재해 등 졸업 후에 마주하게 될 현실의 문제를 고등학생들에게 깨닫게 해주는 귀한 시간이다. 평생 동안 임상간호사, 산업체간호사, 강사로서의 나의 삶을 들려주며 미래에 대한 철저한 준비가 필요하다고 힘주어 말하고 온다. 평생 직장인이 아닌 직업인으로 살아가면서 지금 이 시간에 무엇을 해야 하는지에 대해 열심히 들어주던 우리의 미래인 청소년들의 초롱초롱한 눈빛을 잊을 수가 없다.

작년 가을에는 교직원 성희롱 예방교육이 폭주하였다. 이미 성교육을 하고 있는 나에게 수원시여성근로자복지센터에서 배운 인권과 차이와 차별에 대한 이야기이며 존중과 배려에 대한 파이프라인으로 구성된 나의 교수설계는 그야말로 대박이 났다. 해마다 의무적으로 들어야 하는 똑같은 내용에 이미 흥미를 잃은 교직원들에게 신선함으로 다가왔다는 찬사를 많이 받았다.

이것은 수원시여성근로자복지센터에서 배운 덕택이다. 평생 노동인권으로 사셨던 센터장님께 깊은 감사를 드린다.

고려대 명강사 최고위과정의 문을 열다

지난겨울 어느 날, 나는 아침에 조간신문을 보고 있었다. 나의 눈길을 사로잡은 고려대 명강사 최고위과정의 4기 모집광고였다. 주저 없이 응시했고, 서류 전형과 면접을 거쳐 당당히 합격했다. 무엇보다도 교육목표와 강의내용이 마음에 쏙 들었다. 역시나 첫 번째인 '유쾌한 인문학으로 배우는 명강의 기획 노하우'부터 내 마음을 사로잡았다.

나는 넋을 놓고야 말았다. 나름 13년을 열심히 달려왔다고 자부해 온 내게 홍웅식 교수의 강의는 충격 그 자체였다. 그간의 나를 반성하게 되는 계기가 되었다. 서필환 주임교수의 탁월한 리더십뿐만 아니라 강무섭·손정일·김인식·송미애·유준형·김도운·박상현·강래경·최운실·이보규·송은영·조서환·최영선·이희정·김도경 등 모든 교수진들은 강의의 달인이었다. 배움에는 끝이 없는 것 같다. 이 과정을 통해 나는 또 성장을 했다. 아마도 이후에는 웰다잉 공부의 문을 열게 될 것이다. 나의 삶은 언제나 진행형이고 강의를 만나게 된 축복된 삶이었다고 말하고 싶다.

강 현 녀

천일석재 대표

전북여성경제인협회 수석 부회장

전북중소기업융합전북 연합서동교류회 부회장

전북여성건축가협회 이사

전북법무부 법사랑 위원

전북산업디자인협회 회원

전주문화원 부원장

원형조각회 회원

익산경찰서 기동대 어머니회 부회장

전북 벤처협회 부회장

고려대명강사 최고위과정 수료

인성지도사

회사 사이트 주소: http://www.chonil0310.com

이메일: chonilstone@hanmail.net

연락처: 010-3673-0310

돌에도
꽃이 핀다

우연히 시작된 돌과의 인연

　다산 정약용 선생님의 제자 중 아전의 아들로 태어난 황상이라는 자가 있었다. 하루는 그가 다산 선생을 찾아가 난감한 표정을 지으며 "제게는 세 가지 병통病痛이 있습니다. 첫째는 둔한 것이요, 둘째는 꽉 막힌 것이며, 셋째는 미욱하다는 것입니다."라고 말했다. 그 말을 들은 다산은 "아니다. 공부하는 자들이 가지고 있는 병통을 너는 하나도 가지고 있지 않구나! 기억력이 뛰어난 자들은 공부를 소홀히 하고, 글 짓는 재주가 좋은 자들은 허황되고 흐르는 폐단이 있으며, 이해력이 빠른 이는 흐르는 폐단을 낳는다. 그러나 둔하지만 공부에 파고드는 사람은 식견을 넓힐 수 있고, 막혔지만 잘 뚫는 사람은 흐름이 거세지며, 미욱하지만 잘 닦는 사람은 빛이 난다."라고 말씀하셨다. 한민족 모두가 존경하는 다산 선생다운 답변이다. 다산 선생의 이 말씀에 깊은 감명을 받았고, 나의 좌우명으로 삼았다.

사람의 인생은 예측불허다. 내 어찌 사업을 하고, 영업을 하며, 적지 않은 사원들을 거느리고 살 줄 알았겠는가. 더구나 내가 제대로 알지도 못했던 돌을 다듬고 만지는 분야가 나의 주력 사업이 될지는 꿈에도 상상하지 못했다. 그러나 그것은 현실이 됐고, 나는 인생의 중반부터 돌에 파묻혀 살아가고 있다. 나는 차갑고 무겁기만 한 이 돌에 꽃을 피우고 생명력을 불어넣으며 살겠다는 나름의 철학을 가지고 살아가고 있다. 운명이라면 피하지 말고 받아들이며 살아야 한다고 생각한다. 중반 이후 돌과 더불어 살아온 내 인생이 후반 이후부터 강의라는 새로운 분야와 마주하며 또 한 번의 변화를 맞이하고 있다. 현재 나는 저술 활동과 강의를 통해 행복과 포옹하고 있다.

어린 시절, 당시 대부분의 가정이 그러했듯이 우리 집도 대가족이었다. 아버지의 가장 어린 동생인 막내 삼촌은 나와 동갑내기였다. 당돌하게 삼촌에게 대들며 싸우다 어머니께 매를 많이 맞았다. 그러다 할아버지께서 일찍 돌아가시게 됐고 아버지는 30대의 젊은 나이에 대가족의 가장이라는 무거운 짐을 지셨다. 아버지는 그 가혹한 삶의 무게 속에서도 가족에게는 물론 이웃에게까지 덕을 베풀며 사셨다. 철들며 아버지가 겪는 어려움을 알았기에 큰딸로서 아버지가 짊어지신 고통의 무게를 함께 나누어야 한다고 생각했다. 그래서 일찌감치 사회에 투신해 돈을 벌어서 아버지께 도움이 되는 딸이 되기로 마음먹었다.

하지만 어린 나에게 사회는 결코 호락호락한 곳이 아니었다. 이리저리 방황을 하다가 택한 것은 결혼이었다. 사회생활을 그리 오래 경험하지 않은 나이에 돌연 결혼을 하게 됐다. 세상에 둘도 없이 좋은 남편감이라고 하시는 집안 아저씨의 말씀을 믿고 일사천리로 결혼의 관문을 통과하게 됐다. 당시 남편은 군인 정신이 투철한 군인이었다. 그러한 남편에게 시아버지께서 "군인은 진급 못하면 먹고살기도 힘들다."라고 하시며 퇴역을 권하셨다. 남편은 시아버지의 말씀을 받들어 정든 군 생활을 접고 사업을 시작하게 됐다. 그것이 석재 공장을 시작하게 된 배경이다.

사업을 시작한 후 이상스러운 현상이 나타났다. 착하고 명석한 남편과 비교할 때 여러모로 부족함투성이인 내가 영업에서 남편을 능가했다. 나도 모르는 끼가 발휘돼 영업 면에서 일취월장했던 것이다. 어느 회사든 판로를 개척하는 영업은 회사 성장의 가장 중

요한 동력이다. 아무리 좋은 제품을 만들어도 팔지 못하면 소용
이 없기 때문이다. 철부지로만 자란 내가 어느새 '돌 파는 아줌마'
로 변신해 있었다. 결혼 전에 사업을 해본 적도 실제로 석재 공장
근처에 가본 적도 없었다. 돌이 어디에 어떻게 쓰이는지도 모르던
내가 석재 사업을 시작했으니 지금 생각해도 인생은 참으로 오묘
하다.

그때나 지금이나 석재 사업은 험한 일이다. 소위 말하는 3D 업
종 중 하나이다. 시장 환경도 수시로 변해 어려움을 겪은 것도 한
두 번이 아니다. 도면 한 장도 제대로 보지 못했던 내가 30년이란
짧지 않은 세월, 돌 공장을 운영하면서 이제는 이 분야의 베테랑
이 되었다. 내가 이 분야에서 30년을 버틸 수 있었던 이유를 되짚
어 보았다.

첫째는 항상 포기하지 않고 처음처럼 알아본다는 것이다. 모르
는 것은 주위에 물어보고, 자료를 찾아보고, 공부했다. 둘째도 역
시 배우고 익히는 자세였다. 제대로 이해하지 못하면 정확히 이해
될 때까지 주문을 한 거래처에 묻고, 소통이 된 다음에야 작업에
착수했다. 현장에서 문제가 생기면 절대 안 된다는 신념으로 끝까
지 묻는 자세를 잃지 않았다. 셋째는 제품 주문이 접수되면 무슨
일이 있어도 납품 날짜와 시간을 정확히 지켰다. 신용과 정직이
무너지면 사업은 절대 성공할 수 없다는 신념을 가졌다. 천일석재
에 일을 맡기면 납품 기일에 맞게 제품을 받을 수 있다는 인식이
모든 거래처에 확산됐다. 그것은 그 무엇과도 바꿀 수 없는 우리

의 가장 큰 자산이 됐다. 넷째, 사랑하는 마음으로 거래처를 대했다. 거래처 관계자들이 별 이유 없이 화를 내더라도 이해했다. 그런 식으로 이해해주면 상대도 미안하게 여겼고, 우리를 신뢰해주었다. 모든 거래처가 우리의 가족이라는 생각으로 대했다. 그러니 그들도 우리를 가족처럼 여길 수밖에 없었다. 이러한 신뢰 관계는 회사 성장의 밑거름이 됐다.

돌에 꽃을 피운다는 심정으로

천일석재는 창업 초기부터 내수에 치우치지 않고 수출에 주력했다. 수출 대상국은 주로 일본이었다. 몇몇 일본 거래처는 우리 천일석재의 운명을 좌지우지하는 큰손이었다. 1997년의 일이다. 주문을 의뢰하는 전화벨 소리가 뚝 끊겼다. 오래 거래하며 주자 제품을 주문했던 일본의 한 거래처가 주문을 끊은 지 오래였다. 전화를 해도 "아직은 주문할 계획이 없다."라는 답변만 전해왔다. 그렇다고 억지로 제품을 가져가 달라고 할 수도 없어 답답함은 커져 갔다. 무작정 때를 기다리다 보니 어느덧 추석이 가까워졌다. 일본은 추석을 오봉이라 하여 납골묘를 정비하는 시기로 삼는다. 오봉 대목에 맞춰 봄부터 바빠지기 시작해 8월까지 정신없이 바빠야 하는데 1997년 그해는 너무도 조용했다.

L/C(신용장) 없이는 물건을 만들면 안 되지만 워낙 일이 없다 보니 자주 거래하는 거래처 한 곳의 물건을 미리 만들어 놓았다. 전화를 해서 제품을 미리 만들어 놓았다고 주문해줄 것을 부탁 했다. "주문서도 없지만 A, B, C 형을 만들어 놓았습니다."라고 전화를 걸어 상황을 설명하니 당연히 일본의 거래처 사장은 "왜 주문도 하지 않았는데 제품을 만들었는가?"라고 물었다. 군색하게 "일이 없어서……."라고 답변했다. 일본인들은 거래에 있어 매우 철저하고 냉정하다. 역시나 매우 냉정하게 "기다려라. 아직은 주문할 계획이 없다."라는 말을 했다. 주문 없는 물건을 잔뜩 만들었으니 재고가 잔뜩 쌓이게 됐다. 난처했다. 다시 전화를 해 "일본으로 가서 찾아뵙겠다."라고 했지만 "올 필요 없다."라는 답변만 돌아왔다.

평소 그 거래처 사장은 우리 부부가 열심히 사는 모습이 참 보기 좋다며 각별한 애정을 주었다. 하지만 주문 없는 제품을 만들어 놓고 팔아달라는 우리 요청을 단호하게 거절했다. 그러나 그냥 앉아 있을 수만은 없었다. 추석을 앞두고 무조건 일본으로 날아갔다. 예전 같으면 마중 나오고 호텔까지 안내하시던 거래처 사장이었지만 그날은 저녁이 다 돼서야 호텔에 나타났다. 그의 얼굴에는 불쾌한 기색이 역력했다. 내가 먼저 말문을 열어 "천일석재는 일본 회사들만 믿고 일을 하고 있는데 웬일인지 일이 없습니다."라고 답답함을 호소했다. 내 말을 듣고 나서 일본인 거래처 사장은 "일본 회사들은 납품 단가가 낮은 중국으로 옮겨가고 있습니다. 참고하세요."라고 짧게 답하였다. 그 말을 듣는 순간 '이제 공장 문을 닫아야 하나.'라는 마음이 들었다.

다음 날 아침, 거래처 회사를 직접 방문해 흥정을 시작했다. "가격을 10% 내려 드리겠습니다." 했더니 "안 됩니다. 주문 없는 일은 받을 수가 없어요." 한다. "그렇다면 20% 싸게 드리겠습니다." 했더니 "그래도 아직은 받을 수 없습니다."라고 답변한다. 한발 더 물러서서 "30%까지 할인 해드리겠습니다."라고 했다. 결국 오랜 흥정 끝에 25% 저렴한 가격에 제품을 납품하기로 합의했다. 합의를 마치고 돌아오는 길에 가슴 한구석이 먹먹했다. 석재 시장에 앞으로 다가올 중국 돌풍을 생각하니 위기감이 몰려왔다. 지금과 같은 상황에서는 중장기적 해결 방안이 필요하다는 생각을 했다. 저가의 중국제품과 지속적으로 경쟁하며 사업을 전개해 나가야 한다고 생각하니 아찔했다.

명절이기 때문에 한국으로 갈까 했는데 일본 시장의 동향을 파악하고 난 후라서 그냥 돌아갈 수 없었다. 전화로 연락을 취해 도쿄, 요코하마 등 거래처를 방문했다. "갑자기 일본 올 일이 있었다."라며 인사를 하고 "10년 동안 거래 해온 업체들을 위한 감사 세일"이라며 "10% 할인된 가격으로 제품을 납품하겠다."라고 했다. 그리고는 즉석에서 견적서를 작성해 내밀었다. 그때 우리 회사는 국내석뿐 아니라 8개국에서 생산되는 수입석을 취급하고 있었다. 수입석은 국내에서 비싸게 거래되는 재료였지만 이용이 극히 제한적이었다. 건축이 아닌 묘비에 사용되는 돌이기 때문에 비석을 만드는 것 외에는 아무 쓸모가 없었다. 미리 확보해 둔 수입석을 세일을 해서라도 빨리 처분해야 한다는 생각을 했다. 한편으로는 '이제 공장도 끝이 났구나.' 하는 생각이 밀려왔다. 돌아오는 비행기에서 내내 가슴이 시렸다.

추석이 지나고 10월이 되면서 10% 싸게 견적을 냈던 거래처에서 주문서가 날아오기 시작했다. 일단 그해 겨울 일은 걱정이 없었다. 그나마 싸게라도 주문을 받아 다행이라는 생각을 갖고 행복한 마음으로 일했다. 그러던 중 그해 12월에 IMF가 발생했다. 불과 며칠 사이에 달러 가치가 2배로 올랐다. 10% 싸게 팔아도 90% 이상 이문을 남길 수 있는 상황이 되었다. 하지만 이 사태에 중장기적으로 대처해야 한다고 생각해 구조조정에 돌입했다. 30여 명이던 직원들을 10여 명으로 축소했다. 국내 자재 가격이 폭락한 틈을 타 10년 정도 쓸 자재를 미리 준비해 두었다. 10년을 버틸 수 있게 준비해 두면 10년 동안에 새로운 시대 변화에 맞는 다른 일을 찾아낼 수 있을 것이라고 생각했다.

지금까지 뭔가 새로운 것을 개발하여 차별화된 물건을 만들기 위해 끊임없이 노력했다. 그래서 얻은 결과물이 디자인 20여 개, 특허 6개다. 사업가로서 끊임없이 변해가는 시대의 흐름에 발맞춰 나가야 한다는 생각을 한시도 잊은 적이 없다. 돌과 함께 살아온 나의 반평생을 책으로 엮어내기 시작했다. 나의 경영철학과 가치관을 한 권의 책으로 엮어 지금껏 거래했던 수많은 거래처 지인들에게 전달하고 싶었다. 그래서 '책쓰기 교실' 강의를 수강하며 열심히 배우고 익혀 한 권의 책을 완성했다. 그 책이 바로『돌에도 꽃을 피우는 여자 강현녀』이다.

경청을 통해 배운다

두뇌가 명석하지도 않고, 유명 대학을 다닌 적도 없고, 잘하는 일도 없는 부족한 사람이라고 생각하며 살고 있다. 그래서 늘 남의 얘기를 귀담아듣기 위해 노력하고 있다. 내가 제대로 알지 못하면서 떠들어 봐야 얕은 지식만 드러낼 뿐이다. 입을 다물고 있으면 중간이라도 갈 것 같아서 그냥 듣고 있는 편이다.

어느 날 천일석재 전시장에 나이가 지긋하신 분과 젊은 사람이 나란히 방문했다. 노신사는 제품을 둘러보고는 원하는 물건이 좀

비싸서 부담스럽다는 표정을 지어 보였다. 곁에 있던 직원이 "좀 싸게 주셔도 손해 끼칠 분이 아니니 잘해주면 좋겠습니다."라고 조용히 말을 건넸다. 내가 흔쾌히 "그렇게 하시죠."라고 대답했다. 그 일이 인연이 되어서 그 후로도 그분이 가끔 석재를 주문하기도 하고 석재에 대한 질문을 하기도 했다. 훗날 알게 된 사실이지만 그 노신사는 서울 대학원을 졸업한 수재로 상당히 큰 규모의 업체를 운영하는 기업인으로서 개인 재산이 많았고, 아는 것도 많았다. 그분은 만나는 기회가 있을 때마다 나에게 삶에 필요한 얘기들을 해주시곤 하셨다.

어느 날 그분 댁에서 차를 마실 기회가 있었는데 태양열을 이용해 전기료 상당액을 절감하고 있다는 말씀을 하셨다. 그분의 말씀을 듣고 '전기를 대신해서 사용할 수 있도록 새로운 에너지를 개발할 필요가 있겠구나.'라고 생각했다. 그래서 개발한 것이 얼지 않는 음수대였다. 1900년대에는 솔라판의 크기가 작은 것이 흔치 않아서 어려움은 컸었지만 성능인증서까지 취득할 수 있었다. 나는 백열등 전구도 갈아 끼울 줄 모르는 전기 문외한이었지만 경청을 통해 적지 않은 소득을 올릴 수 있었다. 지금도 남의 이야기를 허투루 듣지 않고 새겨듣는다. 경청이 내게 의외의 큰 이익을 안겨 줄 수 있다는 사실을 잘 알고 있기 때문이다.

아는 것이 부족했기에 남들보다 더 노력해야 했고, 말하는 것보다 듣는 것에 열중했다. 인생 후반에 배움의 즐거움에 푹 빠져들어 익산에서 서울을 오가며 고려대 명강사 최고위과정을 수료했다. 책을 한 권 집필한 자신감으로 이제는 강의 시장에 당당히 나서 돌에 꽃을 피운 사연을 세상에 전달하고 싶었다. 오후 3시에 익산 회사에서 출발, 서울서 강의를 듣고 새벽 1시에 집에 도착하는 고된 일정이었다. 그렇지만 신기하게도 전혀 피곤하지 않았다. 오히려 활력이 넘치고 신바람이 났다. 새로운 것을 배우고, 새로운 사람을 만난다는 것이 이렇게 즐거운 일인지 이전에는 미처 알지 못했다. 서필한 주임교수를 비롯해 김칠주 원우회장, 각각의 위원

장님, 열강해주시는 교수분들, 늘 반갑게 대해 주는 교우분들, 모든 분들께 감사드린다.

글을 쓸 줄 모르는 여자

기쁠 때, 슬플 때, 특별한 일이 있을 때 일기를 써본 것이 전부였다. 글쓰기를 배워 본 적도 없다. 그럼에도 불구하고 내 이름으로 된 책을 출간하고자 마음먹게 된 이유는 간단하다. 안팎의 경제 상황으로 인해 날로 석재 산업이 어려워지면서 뭔가 자구책을 찾고 싶었다. 오랜 세월 천일석재를 도와준 모든 거래처분들께 나의 가치와 철학이 응축된 책을 전달해드리고자 마음먹었다. 나의 경영 가치가 무엇이고, 지나오면서 어떻게 시련을 극복했는지, 앞으로 어떤 자세로 고객들을 대할 것인지 등등을 진솔하게 집필하고 싶었다.

그래서 용기를 냈다. 처음에는 도저히 감이 잡히지 않았지만 배우는 과정에서 서서히 자신감을 얻었다. 한 자 한 자 마음을 담아 옮겨 적기 시작했다. 그렇게 몇 달을 원고지와 씨름했더니 어느새 한 권의 책이 만들어졌다. 나 스스로도 놀라 어쩔 줄 몰랐다. 책을 출간하며 더 큰 자신감을 얻었다. 무엇이든 할 수 있다고 마음을 고쳐먹었다.

누군가 이 책을 읽고는 "이것도 글이라고 쓴 건가?" 하는 반응을 보일 수도 있을 것이다. 반면 칭찬해주고 격려해주고 용기를 심어줄 분도 계실 것이라고 생각한다. 어떤 반응을 기대하고 책을 만든 것은 아니다. 다만 많은 분들이 강현녀를 통해 천일석재를 기억해주실 것이라고 작은 희망을 가져본다.

그러다가 누군가 우리 천일석재와 거래의 물꼬를 터주신다면 더 바랄 것이 없겠다. 정직하게 일했고, 신용을 지키기 위해 모든 노력을 기울였다. 30년 넘게 돌 공장을 운영하다 보니 돌에 대한 남다른 애정이 생겼고, 돌에 대한 나름의 철학도 생겼다. 이 모든 감정을 정리하고 싶었다. 나의 진솔한 마음을 세상에 전달하고 싶었다. 그래서 『돌에도 꽃이 핀다』는 세상에 얼굴을 내밀게 됐다. 해보지도 않고 포기하는 것은 기업가에게 있을 수 없는 일이다. 후회할지라도 최선을 다하겠다는 마음으로 한 자 한 자 원고지를 메우며 나의 책을 완성시켰다.

천 경 임

강남대학교 교육대학원(석사) 졸업

햇살가득 어린이집 원장 역임

꼬마숲 자연 어린이집 원장 역임

유치원 원장 자격 / 우수 유아경영인 인증

기독교 심리상담 2급 과정 수료 / 기독교 심리상담사 2급 자격

심리검사전문가과정 수료 / 학교폭력 상담사 1급 자격 / 애니

어그램 코칭 1급 자격

고려대 명강사최고위과정 수료 / 명강의명강사 1급 자격 / 인

성지도사 1급 자격 / 고려대명강사최고위과정 재정전문위원

저서:『성장을 돕는 사랑의 힘』

이메일: cheonvv@naver.com

블로그: http://blog.naver.com/cheonvv

연락처: 010-9596-8597

성장을 돕는
사랑의 힘

참된 자녀사랑의 시작

독일 출신으로 미국에서 공부한 Erik Homburger Erikson 은 자아심리학, 정신발달에 관한 정신분석학이론 등에 공헌한 유명한 심리학자이다. 아이들의 발달에 대해 생각하다 보면 Erik Homburger Erikson의 이론을 생각하지 않을 수 없다. Erik Homburger Erikson의 이론에 의하면 발달하는 단계들이 긍정적인 극과 부정적인 극의 양극으로 이루어져 있다. 양극 모두 적절히 필요하지만 긍정적인 측면이 더 많이 발달하게 되었을 때 성격발달에 더 좋은 영향이 있다고 한다.

Erik Homburger Erikson은 0~6세까지 아이들이 발달할 때 영향을 받는 주 대상은 엄마, 부모 그리고 가족이라고 했다. 어릴 때 주요 대상으로부터 제대로 된 양육을 받지 못하게 되면 그 영향이 청소년기, 청년기, 중년기에 이르기까지 후유증으로 나타나기 때문에 부모는 양육자의 역할에 책임감을 갖고 충실해야 한다. 즉, 아이들의 첫 번째 사회인 가정에서 부모, 가족들이 아이들에게 필요한 부분들을 사랑으로 채워주게 되면 아이들은 긍정적인 면이 더 발달하게 되어 좋은 성격을 지닌 아이들로 자라게 된다. 부모들의 깨어 있는 자녀사랑과 자녀교육이 절실히 필요하다.

사람에게는 잠재력, 즉 하나님이 주신 은사가 있다. 자녀에게 사랑을 준다는 것은 "너에게 있는 너의 잠재력을 충분히 발휘하면서 너답게 살아라. 그러나 너 혼자서는 힘들다. 그러므로 내가 너에게 힘이 되어줄게."라고 말해 주는 것이 진정한 부모의 참된 자녀사랑 표현이다. 즉, 사랑한다는 것은 상대방의 삶을 충분히 실현시킬 수 있도록 나에게 있는 힘을 나누어 주는 것이다. 참된 자녀사랑을 자녀들에게 표현함으로 성격 발달에 지대한 영향을 미치는 영유아기를 잘 보낼 수 있도록 도와주어야 한다. 참된 자녀사랑은 아이들의 성격 발달에 직접적인 영향을 주고 있다는 사실을 잊지 말자.

나에게 꿈과 희망을 준 아이들

꼬마숲 자연 어린이집 전경 사진

고등학교 1학년 때 학급 반장을 맡게 되었다. 당시 담임 선생님께서 교무실로 반장인 나를 부르시더니 선생님께서는 "교내 웅변대회가 곧 열릴 예정인데 학급에서 딱히 나갈 학생이 없으니 반장인 네가 나가면 좋겠어."라고 말씀하셨다. 어쩔 수 없이 나는 교내 웅변대회에 참가한 일이 있었다. 그런데 이게 웬일인가. 출전자가 없어 반장이라는 이유로 어쩔 수 없이 떠밀려 나간 교내 웅변대회에서 1학년인 내가 최우수상을 받게 된 것이다.

　그 이후로 아담했던 나는 '작은 고추가 맵다'는 말을 많이 듣게 되었고 선생님들과 학생들에게 관심을 많이 받게 됐다. 교내 웅변대회가 개최되면 나는 자연스레 대회에 나가게 되었고, 교내 웅변대회 출전에 그치지 않고 학교 대표로 다양한 외부 웅변대회에도 여러 번 참가할 기회를 갖게 됐다.

　대회에 참가할 때마다 수상자 명단에 이름을 올려 학교 내에서 웅변으로 유명세를 타기 시작했다. 결국 웅변을 통해 재미있고 즐겁게 학교생활을 할 수 있었다. 고등학교 졸업식 때는 웅변으로 학교 이름을 알렸다는 이유로 학교를 빛낸 상을 받기도 했다. 그때부터 많은 사람들 앞에서 말을 하거나 발표하는 것에 대해 어렵게 느끼지 않는 담대함이 생겼다. 웅변을 통해 자아실현을 해 나가던 고교 시절에 잠시지만 정치인이 되고 싶다는 생각도 했다.

　그러나 그 꿈은 어디론가 사라지고 어릴 때부터 어린아이들을 유난히 좋아했던 나는 대학에서 유아교육을 전공하게 됐고, 결혼 전까지 유치원에서 아이들과 함께 지냈다. 유아교육의 길로 접어

꼬마숲 자연 어린이집 정원과 마당에서 가을 운동회 활동사진(2013년)

들었지만 고등학교 때 우연히 웅변으로 유명해진 경험은 내 인생 전체를 놓고 볼 때 적지 않은 도움이 되고 있다. 아이들을 좋아했던 나는 유치원 교사라는 직업이 참 좋았었고 주위로부터 '천직'이라는 말을 듣기도 했다. 열심히 아이들과 함께 울고 웃으며 지내던 중 나는 지금의 남편을 만나 결혼을 했다. 그리고 두 아들들이 7살, 5살이 되던 해에 어린이집을 운영하기 시작했다.

어린 나이에 남들보다 빨리 원장이 된 나는 다른 원장들과 비교해 손색없이 아이들과 학부모 그리고 교사들에게 훌륭한 원장으로 평가받고 싶었다. 그래서 나름 최선을 다했다. 작은 숲이 있고 마당과 정원이 넓어 4계절을 만끽할 수 있었던 곳, 아이들이 자연을 통해 배우고 꿈을 키우며 자연 속에서 맘껏 웃으며 뛰어놀 수 있었던 곳, 그곳은 오래전부터 내가 꿈꿔왔던 스타일의 어린이집이었다. 그런 어린이집에서 아이들을 맞이했고 열심히 운영에 최선을 다했다.

유아교육을 전공하며 유아교육에 대해 고민하고 연구했던 나는 우리나라의 4계절을 맛볼 수 있는 자연환경에서 꿈을 키워주고 정서적인 안정감을 심어주며 아이들에게 필요한 인성교육을 시키고 싶었기에 숲과 정원이 있는 어린이집 운영은 더없이 기쁘고 감사했으며 만족감도 높았다.

지금 생각해 봐도 그때 그곳에서 아이들을 맞이하는 시간은 참으로 행복했다. 결국 나의 어린이집은 유아교육기관 교사들을 위한 전문잡지인 《꼬망세》와 임산부와 아기엄마들을 위한 육아전문잡지인 《앙쥬》에 아이들이 좋아하는 예쁜 어린이집으로 소개되기도 했다. 아이들을 우선으로 생각하며 아이들 입장에서 사랑의 마음으로 운영했던 나에게 유아교육 잡지회사들과의 만남은 하나님께서 주신 선물 같았다. 아이들에 대한 사랑이 전제되지 않으면 유아교육의 길은 결코 쉽지만은 않다.

다행히 그때도 지금도 나는 아이들이 너무 좋다. 아이들이 너무 좋은 나는 아이들을 유아교육 기관에서 다시 만나기 위해 유치원을 준비하고 있다. 자연 속에서 아이들을 키우며 다양한 교육적인 효과를 보았던 나는 다시금 자연 유치원을 운영하고자 계획하게 되었고 머지않아 꽃과 나무들이 많은 유치원 정원에서 아이들을 행복한 마음으로 맞이하게 될 것이다.

충만한 교회 유치부 여름성경학교 활동사진(2015년)

나는 지금 교회 주일학교 유치부에서 매주 아이들을 만나고 있다. 아이들을 만날 때마다 가슴이 뛰고 설레는 나를 보며 '나'라는 사람은 결국 아이들과 함께 가야 할 사람이라는 생각을 하게 된다. 아이들은 어느새 나에게 사랑이 무엇인지 알게 해주었고 내 인생에 꿈과 희망의 존재가 되어주고 있다.

그래서 지금도 나는 이 아이들 앞에서 어떻게 하면 사랑과 신뢰를 줄 수 있는 어른이 될 수 있을지, 어떻게 하면 참된 사랑으로 잠재력을 키워 줄 수 있을지를 놓고 행복한 고민을 하고 있다. 지금 나는 하나님께 받은 무조건적인 사랑을 우리 아이들에게 나누어 주고 있으며 부모들과 교사들에게 아이들의 성장에 가장 좋은 효과를 주는 것은 사랑만한 것이 없다는 사실을 전심을 다해 전하고 있다.

"믿음, 소망, 사랑 그중에 제일은 사랑이라."

'사랑의 힘'으로 시련을 극복한 가족

가족여행 중 가족사진(2005년)

나는 두 아들의 엄마이다. 천안함 격침 사고가 발생한 직후인 2010년 4월, 당시 6학년이던 큰아들에게 '스타가르트(망막손상)'라는 병이 찾아왔음을 알게 되었다. 그 사실을 접하는 순간 우리 부부는 하늘이 무너지고 땅이 꺼질 것 같은 심정이었다. 병명이 확정되기 전 여러 가지 검사를 진행할 때 병원에서 담당 의사선생님은 "실명(추체이 이양증)이 될 확률이 높을 것 같습니다."라고 하시면서 "그러나 다양한 검사를 진행하고 난 후 최종 검사결과가 나와봐야 정확한 병명을 알 수 있습니다."라고 말씀하셨다.

담당 의사선생님의 말씀을 듣고 난 후 우리 부부는 며칠 동안 잠을 이루지 못했고 지푸라기라도 잡고 싶은 심정으로 기도했다. 드디어 며칠 후 결과가 나왔다. 담당 의사선생님은 아이의 병명을 '스타가르트'라고 확진하며 "완전히 실명에 이르지는 않고 시력이 떨어지다가 일정 시점에 멈추게 되어 어느 정도는 보이기 때문에 일상생활은 할 수 있습니다."라고 말씀하셨다. 결국 큰아들은 '시각장애 4급'을 진단받게 됐다. 사랑하는 아들을 우리가 직접 키울수 있게 됐다는 사실만으로도 우리 부부는 너무 감사했다.

지금은 치료방법이 한국뿐만 아니라 의학 기술이 발달된 나라에도 아직 없어서 치료방법이 개발되어 시중에 나오기만을 기다려야 하는 상황이다. 다행이 현재 분당 차병원에서 '스타가르트' 병의 치료방법을 놓고 1차에 이어 2차 임상실험 중이다. 이 실험이 잘 통과되면 아들은 수술을 받게 되고 정상의 시력으로 회복되어 세상을 밝은 눈으로 보게 된다. 하루 속히 수술을 받고 정상의 눈으로 좋아하는 일을 실컷 해보면서 살기를 엄마로서 간절히 바라는 마음이다.

벌써 6년이라는 시간이 흘렀다. 6년 전만 해도 세상을 정상의 눈으로 바라보았을 아들, 그러나 아들은 6년 동안 마음의 눈으로 세상을 보고 있다. 우리 가족은 여행을 좋아해서 짧게라도 가족여행을 다니곤 하는데 아들의 시력이 나빠진 이후로는 여행을 갈 때마다 마음이 편치 못했다.

유난히 제주도를 좋아하는 큰아들을 위해 2015년 5월에 제주도로 가족여행을 다녀왔다. 여행 중 아들이 어떤 생각과 어떤 마음으로 여행을 하고 있는지, 아름다운 자연을 어디까지 보고 있는지, 잘 보이지 않아 힘든 건 아닌지, 힘이 들면서 엄마와 아빠가 걱정할까 봐 말하지 못하는 건 아닌지, 아들의 옆모습과 뒷모습을 보면서 순간순간 여러 가지 생각을 했다. 아들의 입장을 생각하면 마음이 아파서였을까 여행 중 급체를 한 경험도 있었다. 그러나 아들 앞에서는 내색을 할 수는 없었다.

아들은 엄마에게 말하지 못하는 힘든 일들이 많았을 것이다. 공부를 잘하고 싶지만 한계를 느낄 때도 있었을 것이고, 친구들과 소통이 제대로 안 돼 힘들 때도 있었을 것이다. 이렇게 순간순간 괴롭고 힘들 때, 순간순간 아프고 지칠 때, 순간순간 화나고 피하고 싶을 때가 얼마나 많았을지 엄마인 나는 너무 잘 안다. 너무 힘들어서 참지 못하고 닭똥 같은 눈물을 말없이 뚝뚝 떨어뜨릴 때가 몇 번 있었다. 그때 나는 아들이 겪는 힘겨움을 충분히 헤아릴 수 있었다. 그럼에도 불구하고 아무나 감당할 수 없는 일을 아들은 긍정의 마음으로 잘 감당하며 학교생활이나 일상생활에서 많은 사람들을 감동시키며 잘 인내해 주고 있다.

아들은 고2~고3 때 중고등부 인원 200명이 넘는 파주(운정)에

제주도 가족여행 중 큰아들 모습(2015년)

있는 충만한 교회에서 학생회장을 맡아 성실하게 봉사활동에 참여
했다. 묵묵히 감당하며 학생들에게 그리고 교회 선생님들께 모범
을 보여주었다. 육체의 불편함을 뛰어넘어 삶 가운데 최선을 다하
는 아들을 보며 나는 많은 것을 느끼고 배우지 않을 수 없었다. 결
국 아들은 목회자가 되겠다는 각오를 하고 본인의 진로를 결정했
다. 엄마인 나는 아들이 결정한 진로를 마음으로 응원하며 사회에
서 필요로 하는 사람이 되어주기를 바라는 마음으로 간절히 기도
하고 있다.

　신념과 용기를 잃지 않고 꾸준히 자신의 일에 최선을 다하는 아
들을 보며 우리 부부는 가슴 뭉클함을 느낄 때가 한두 번이 아니었

다. 그럴수록 아들에 대한 사랑은 점점 진해지고 있음을 우리 부부는 느끼고 있다. 때로는 아들을 향한 안타까운 마음에 힘들 때도 있었다. 그럴 때마다 우리는 하나님께 간절히 기도했다. 다행히 하나님께서는 우리 부부의 간절한 마음을 외면하지 않으셨고 사랑으로 위로해 주셨다.

그로 인해 우리 부부는 큰아들 덕분에 믿음뿐 아니라 여러 면에서 성숙해지는 기회가 되기도 했다. 둘째아들 역시 워낙 밝은 성격이라 내색하지는 않았지만 형을 지켜보며 힘든 부분들도 많이 있었을 것이다. 큰아들에게 찾아온 시련의 시간은 결국 큰아들만의 시련이 아닌 우리 가족 모두의 시련의 시간이 되었고 이 시련의 과정 가운데 지칠 때도 아프고 힘들 때도 많이 있었지만 이 시간들을 통해 오히려 가족애가 싹트는 소중한 시간이 되기도 했다.

하나님께서는 특별한 계획과 뜻 가운데 우리 가족들에게 구별된 삶을 살게 하고 계신다. 그래서일까 우리 가족의 미래가 너무 궁금하다. 분명히 많은 사람들 속에서 빛과 소금이 되어 사랑을 전하는 가족이 될 거라 믿는다. 우리 가족뿐 아니라 많은 가정들이 이 모양 저 모양으로 힘든 시련들을 많이 겪고 있다. 어떤 시련도 그 가정에서 감당할 수 없는 시련은 없으며 사랑의 힘으로 하나가 되면 분명 시련을 잘 극복할 수 있고 가족들이 성장할 수 있다. 앞으로 이 시대 가정들이 건강하게 성장하여 좋은 영향력을 사회에 끼쳐 한국사회가 건강하고 밝아지기를 진심으로 바라는 마음이다.

내 인생에 새로운 획을 그어 준 만남

제천농협 여성대학에서 강의하는 천경임 모습(2016년)

"강의를 하면 참 잘할 것 같아요."라는 말을 주위 분들을 통해 많이 들었다. 주위 분들을 통해 자주 듣다 보니 나도 모르게 강의에 관심을 갖게 되었고 어느 순간 관심 있는 분야에서 하고 싶은 분야로 바뀌게 되었다. 그래서일까, 강의를 하고 싶은 마음이 생기기 시작하면서 학업의 필요성을 더 느끼게 되어 박사과정을 해야겠다고 마음을 먹게 되었고 2015년 10월부터 박사과정에 지원하기 위해 학교를 구체적으로 알아보기 시작했다. 박사과정에 도전할 수 있도록 총신대학교 최광수 교수님과 강남대학교 강무섭 교수님은 나에게 많은 힘이 되어주신 분들이다. 기독교 심리상담, 심리검사 전문가 과정을 지도해 주셨던 총신대학교 최광수 교수님은 상담공부를 통해 진정한 나를 찾는 데 많은 도움을 주신 분이시며 몸과 마음이 회복되고 꿈과 비전을 향해 나갈 수 있도록 나에게 큰 힘이 되어 주신 분이시다. 대학원 석사과정을 지도해 주셨던 강남대학교 강무섭 교수님 역시 학업에 열정을 갖고 도전할 수 있도록 나에게 많은 힘과 용기를 주셨다. 그리고 '고대 명강사 최고위과정'에서 총괄교수님으로 활동하셨던 강무섭 교수님은 도움이 많이 될 것 같다면서 '고대 명강사 최고위과정'을 소개해 주셨다. 그때 당시 교육 과정을 소개받는 순간 전혀 낯설지가 않았고 나를 위한 교육과정이 준비된 것 같은 생각이 들기도 했다.

그럼에도 불구하고 최종 결정을 내리기까지는 고민이 되었다. 왜냐하면 강사의 길은 결코 쉽지 않는 사명의 길임을 알고 있었기에 그만큼 신중함이 필요했기 때문이다. 고민 고민 끝에 '고대 명강사 최고위과정'에 나는 과감히 도전하게 되었다. '고대 명강사 최고위과정'을 통해 많은 교수님들을 만나게 되었고 강의 시간 시간마다 교수님들의 강의는 많은 것들을 배우고 느끼고 깨닫기에 부족함이 없는 강의였다. 교수님들의 강의를 들은 이후 블로그에 강의 내용과 생각, 깨달음 등을 사진과 함께 정리하며 스스로 다짐하는 시간을 보내기도 했다. 그 시간들을 통해 나는 새로운 에너지가 내 안에 솟아나고 있음을 느끼기도 했고 열심히 준비해서 제대로 된 강사가 되겠노라 다짐하고 또 다짐하는 시간이 되기도 했다. 나의 블로그에 기록해 놓은 사진과 글들을 접할 때마다 고대에서의 수업이 생각나고 열심히 하겠노라 다짐했던 기억들이 새록새록 떠오른다. 강의를 통해 온 힘을 다해 열정적으로 지도해 주신 '고대 명강사 최고위과정' 교수님들은 지금 내가 강사활동을 열심히 할 수 있도록 도전을 주시고 힘을 주신 진정 고마운 분들이다. 이렇게 '고대 명강사 최고위과정'과의 만남은 나의 인생에 새로운 획을 그어 준 고맙고 소중한 만남으로 기억된다.

　부모들이 건강하게 바로 서 있어야 자녀들을 잘 키우고 자녀들에게 좋은 영향을 줄 수 있다는 사실을, 유아교육기관의 원장과 교사들이 바른 인간관과 교육관으로 아이들 앞에 바로 서 있어야 이 시대 아이들을 잘 교육시킬 수 있다는 사실을 열정적으로 전하고 있다. 그리고 큰아들이 시력과 싸우며 힘들어할 때 가족애를 통해 극복했던 과정을 대중에게 당당하게 소개하고 있으며 힘든 시련이 닥쳤을 때 지칠 수밖에 없었던 우리 가족들에게 하나님의 사랑과 가족사랑은 시련을 극복할 수 있는 가장 큰 힘이 되었다는 사실을 나는 강의를 통해 전하고 있다. 천경임은 강의를 통해 하나님의 사랑이 얼마나 크고 위대한지를, 내가 먼저 건강해야 맡겨진 많은 일들을 잘 감당할 수 있음을, 아이들을 향한 사랑이 얼마나 중요한지를, 가족 사랑이 얼마나 애틋하고 소중한지를 누구보다 자신 있게 말할 수 있다고 생각한다. 가슴 뭉클함으로 청중에게 진한 감동을 주며 마음이 따뜻해지는 훈훈한 강의를 통해 이 시대를 바꿔가고 싶은 이 큰마음은 나의 지나친 욕심일까.

조 경 행

현대건설 근무

(주)휴먼라이프건설 대표이사

신남서울조합 번영회 회장

산야초마을 발효효소연구원 원장

색소폰 동호회 회장

한국수맥협회 수맥감정사1급

팔체질건강연구협회 팔체질감정사1급

당산기공협회 기공사

고려대 명강사 최고위과정 수료

명강사 1급 자격

인성지도사 1급 자격

연락처: 010-3630-0506

이메일: ch7347@hanmail.net

나의 주치의(主治醫)는 내 몸이고
나의 치유제(治癒劑)는 발효식품(醱酵食品)이다

　현대를 살아가는 우리들은 공해나 잘못된 음식물 스트레스 등으로 각종 세균, 슈퍼바이러스, 암 등 무서운 질병이 범람하는 건강 불안 시대를 살아가고 있다. 거리엔 미세먼지와 매연을 내뿜는 자동차로 가득하고 아파트라는 양잿물 성분을 내뿜는 거대한 콘크리트 박스 안에서 잠을 자고 있으며 인체의 유전자를 변형시키는 전자파를 쏘아대는 전자제품 홍수 속에서 생활한다. 염소로 소독한 수돗물과 방부제, 유해색소, 화공약품, 식품의 잔류농약 등 우리 몸에 암 등을 일으키는 유해한 많은 식품 첨가물들이 함유된 음식물을 끊임없이 먹고 마시며 또한 과도한 업무와 생존경쟁 속에서 엄청난 스트레스를 받아가며 살아가고 있는 것이다.

　이렇게 어려운 건강 불안 시대에 인체의 자연 치유 능력을 약화시키는 각종 약과 병원에 의지하지 않고 호흡방법의 개선과 발효식품의 생활화로 우리들의 건강을 지킬 수 있는 인체의 자연 치유 능력을 알리고자 이 글을 쓴다.

호흡의 중요성

　태초에 조물주가 인간을 만들면서 기본적인 생명체 유지를 위하여 평생 공짜로 먹어도 좋다는 것이 두 가지가 있다. 공기空氣와 물이다. 공기는 우주의 에너지인 천기天氣이고 물은 땅의 에너지인 지기地氣인 것이다.

　氣 자를 분석해 보면 기운 气와 쌀 米 자로 되어 있다. 즉 에너지와 음식을 뜻한다. 氣는 우주를 구성하고 있는 가장 원초적인 에너지이고 우주의 모든 생물生物은 氣의 작용으로 生하고 死한다. 그래서 천체天體를 대우주大宇宙라 하고 인체人體를 소우주小宇宙라 한다.

　이러한 소우주인 인체를 움직이는 것이 첫째 氣와 둘째 효소酵素인데 둘 다 부모로부터 태어날 때 그 양量이 정해져 있다.

　홍길동은 두 드럼 갑돌이는 한 드럼 이런 식이다. 조물주가 인간을 다시 데려가기 위하여 끈을 만들어 놓은 것이다. 만약 이런 끈이 없다면 지구는 인간으로 넘쳐서 멸망하고 말 것이다.

氣는 호흡으로부터 보충되고 효소는 음식으로부터 보충된다. 부모로부터 태어날 때 받아가지고 나오는 氣를 보통 원기元氣라 얘기한다. 그래서 힘이 없을 때 "원기가 부족해."라고 말하곤 한다. 낮동안 열심히 일하며 소모한 氣는 호흡을 통하여 보충되는데 일반사람은 밤에 자면서 가장 많이 보충되고 전문적 수련인은 명상瞑想을 하며 단전호흡丹田呼吸으로 단전丹田에 축기縮氣를 하여 내공을 쌓는 것이다. 이렇게 축기한 氣가 면역체免疫體를 강화시켜 질병을 예방하고 질병을 치유治癒한다.

그래서 "숨쉬기 운동만 잘해도 건강하게 살 수 있다."고 하는 것이다.

사람이 일을 할 때는 베타파가 나오며 이때는 자율신경自律神經 중 교감신경交感神經이 우위를 점한다. 눈을 감고 휴식을 하거나 명상을 할 때는 알파파가 나오며 이때는 부교감신경副交感神經이 우위를 점한다.

교감신경 대 부교감신경이 50 대 50이어야 건강한데 흥분하거나 활동할 때, 스트레스 등을 받으면 교감신경이 우위를 점한다. 우리나라 CEO들이나 높은 직책의 책임자들은 일을 할 때 80 대 20까지 교감신경 우위 불균형일 때가 대부분이란다.

교감우위 상태로 스트레스가 계속되면 우리 몸은 공격적으로 되며 호흡, 맥박이 빨라지고 혈관의 수축으로 혈액 순환이 잘 안 된다. 이때 호르몬 계통에 이상이 오고 면역체계가 약화된다. 이게 암癌을 비롯하여 만병萬病을 부르는 원인原因이 되는 것이다.

이를 극복하는 방법이 명상하며 복식호흡, 즉 단전호흡을 하는 것인데 아랫배로 숨을 쉬는 것이다. 3~5초 동안 코로 들이마시고 5초 동안 입으로 내쉰다. 아침저녁이나 틈이 날 때마다 4~5분 정도 매일 수련하면 된다.

이 단전호흡이 자율신경自律神經을 균형 있게 조율해 주고 면역력을 키워서 만병을 예방해주는 신비스러운 힘을 발휘하는 것이다. 웬만한 두통은 이 호흡방법만으로도 바로 치유된다.

암세포는 매일 1,000여 개나 생성生成되지만 우리 몸의 면역체가 이를 소멸消滅시켜 버리는 것이다. 심한 스트레스나 과다한 음주, 과식, 흡연 등으로 면역체가 본연의 임무를 다하지 못할 때 암세포는 소멸되지 않고 우리 몸 어디엔가 자리를 잡는 것이며 이것이 암癌이다.

옛날 우리 어머니들이 모진 시집살이와 남편과의 불화 등으로 속을 썩어 가면서도 견딜 수 있었던 것도 후~ 하며 수시로 길고 크게 내쉬는 한숨(복식호흡) 덕분이었던 것 같다.

복식호흡 즉 단전호흡 방법은 눈을 감고 숨을 들이마실 때는 우주의 좋은 기운인 천기를 마신다는 의염意念을 하고 아랫배로 숨을 들이마시며 자연스럽게 단전이 불러 나오게 숨을 쉬는 것이다. 내쉴 때는 몸속의 모든 나쁜 기운인 사기邪氣를 내뱉는다는 의념을 하면서 아랫배가 자연스럽게 들어가도록 숨을 내쉰다. 즉 가슴으로 숨을 쉬지 않고 아랫배로 숨을 쉬는 것이다. 천천히 가볍고 가

늘고 고르게 힘을 주지 않고 긴장을 풀며 편안하게 숨을 쉬면 된다. 내쉬는 숨의 세기는 40~50cm 눈앞의 촛불이 흔들리지 않을 정도로 가늘게 하는 것이며 단전호흡은 의자에 앉아서 해도 좋고 서서 해도 된다. 조용하고 편안한 곳이라면 어디든 좋다. 정확한 단전호흡 방법은 필자와 같이 전문적으로 수련한 사람들에게 지도받는 것이 좋다.

  필자도 젊은 시절 현대건설에 다니며 주야를 가리지 않는 과도한 업무와 잦은 음주, 다량의 흡연으로 인한 심한 스트레스가 쌓여 건강진단 결과 소위 말하는 걸어 다니는 종합병원이 되었었다. 사표를 내고 회사를 설립·운영하다 보니 스트레스는 더욱더 쌓여만 갔고 과민성 대장 증후군으로 병원을 찾는 횟수가 점점 많아졌으며 허리의 통증으로 하반신이 마비되어 입원치료까지 받았다.
  이때 복식호흡인 단전호흡과 기공체조氣功體操를 연마하는 당산기공이라는 수련원을 만났다.
  이때 나이 46세(1996년) 그야말로 중년 중 중년이었다. 단전호흡을 보름쯤 하였을 때 변의 색깔이 완전 자장면 같은 변을 보는 것이다. 하도 놀라서 병원에 가서 검사해 보니 아무 이상이 없단다. 수련원의 사부님과 상담하니 기공(단전호흡)으로 대장 운동이 활발해져 숙변宿便이 빠져나오는 과정이므로 3~4일 지나면 황금색으로 변하니 걱정할 일이 아니란다.

  정말 4일째부터 황금색과 같은 바나나가 나오고 6개월쯤 지나자

허리의 통증이 나도 모르는 사이 없어졌다. 이때부터 변을 관찰하는 습관이 생겼는데 가끔 황금색 바나나에 빨간색 피가 묻어 나오지 않는가. 깜짝 놀라 찾아간 병원에서 장 내시경 검사를 권유하였다. 그때는 장 내시경 검사도 2일을 입원해야 했다. 요즘은 2시간이면 되지만 말이다. 휴면休眠 내시경도 없던 시절이라 본인도 모니터로 장 내부를 보면서 진찰을 받았다. 깨끗한 동굴을 한참 여행하던 카메라에 동굴 천정에 달려 있는 커다란 혹들이 보이지 않는가. 검사결과 대장에 2cm 정도의 용종(폴립) 3개가 달려 있단다. 이 정도 크기이면 벌써 대장암으로 발전하였을 텐데 특이하다며 조금만 더 늦었으면 큰일 날 뻔했다고 의사가 축하해 줬다. 아마도 그때 복식호흡 즉 단전호흡으로 장을 깨끗이 하지 않았다면 혈변이 발견되지 않아 나의 지금은 없었을 것이다. 덤으로 하루에 2갑 정도 피워 대던 담배도 끊는 쾌거를 이루었다.

이렇게 단전호흡으로 모은 기는 혈액순환을 좋게 하여 우리 몸 구석구석을 정화淨化시켜 주고 면역력을 키워서 우리 몸 스스로 치유하도록 한다. 이것이 바로 인체의 신통한 자연치유 능력인 것이다. 전문가들의 호흡법에는 여러 가지가 있으며 장기臟器별 맞춤형 호흡법, 정력 강화, 치매 예방, 중풍 예방 등 몸에 좋은 호흡법과 기공체조 등이 있다. 그러나 여러분들은 복식호흡 즉 단전호흡 한 가지만 꾸준히 잘해도 자질구레한 질병을 예방하고 몸의 항상성을 유지하여 건강하게 생활할 수 있으며 나의 가족 건강까지 돌볼 수 있는 것이다.

어린 애기 시절 배꼽 아래 단전丹田으로 쉬던 숨이 나이가 들어 갈수록 호흡은 가슴으로 올라오고 목까지 차오르면 인체의 기는 소멸되고 사람은 죽는다. 그러므로 우리는 복식호흡을 통하여 기를 단전으로 내리고 모으는 호흡법을 평소 수련함으로써 건강하게 장수할 수 있고 건강한 죽음을 맞이할 수 있는 것이다.

효소의 놀라운 능력

이번엔 두 번째 "효소酵素"의 인체 자연 치유 능력에 대하여 알아보자. 인체의 모든 부분 즉 살과 뼈, 혈액 등 인체를 구성하고 있는 모든 것들은 모두 효소로 이루어졌으면 생각하고 일하고 먹고 마시는 모든 일들도 효소가 주관한다.

이렇게 소중한 효소는 부모로부터 태어날 때 그 양이 정해져 있다. 즉 사람마다 용량이 다르다. 이 소중한 효소를 우리가 어떻게 효과적으로 사용하느냐에 따라 무병장수無病長壽할 수도 있고 병으로 고생하며 단명短命할 수도 있는 것이다.

효소를 크게 대별하면 인체 내 효소와 인체 외 효소로 구별 짓는다. 인체 내에 있는 효소를 잠재효소潛在酵素라 하고 이를 다시 그 작용作用에 따라 크게 두 가지로 나누는데 소화효소消化酵素와 대사효소代謝酵素로 나눈다.

인체 외 효소는 외부효소外部酵素라고도 하며 우리 몸에 필요한 것을 식품효소食品酵素라 한다.

소화효소는 우리가 먹는 음식물의 영양소를 인체 속으로 흡수할 수 있는 형태로 분해하는 효소이다. 탄수화물을 분해하는 효소, 단백질을 분해하는 효소, 지방을 분해하는 효소들이 소화효소이다.

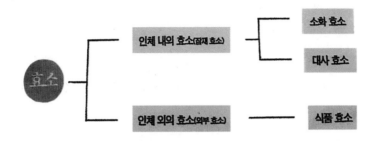

이러한 소화효소는 소화관에서 분비되는데 하루에
입과 식도에서 1,000~1,500cc 위에서 2,000~2,500cc
췌장에서 1,200~1,500cc 담낭에서 500~1,200cc
소장에서 1,500~3,000cc 대장에서 1,000cc 등
사람에 따라 하루에 7~9리터라는 엄청난 소화액을 분비한다.

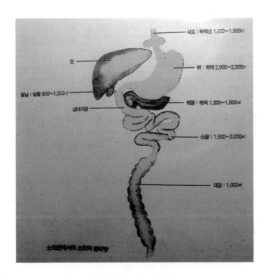

그러므로 우리는 사람마다 정해져 있는 소화효소를 절약하기 위하여 인체 내 소화효소를 많이 필요로 하는 효소가 사멸되어 있는 인스턴트식품이나 삶은 고기, 술 등을 줄이고 식품효소가 풍부하게 살아 있는 야채와 과일, 효소가 풍부하게 잠재되어 있는 발효식품 등을 먹어야 소화효소를 덜 소모하는 것이다.

인스턴트식품이나 고기, 술 등을 많이 먹으면 이를 분해하고 해독하기 위하여 몸 구석구석에서 정화작용 등을 하고 있던 잠재효소인 면역효소들이 소화기관으로 모여들게 되어 몸으로 침투하는 바이러스나 세균, 하루에 1,000여 개씩이나 생겨나는 암세포 등을 방치하게 되어 질병에 걸리고 암세포가 기생을 하는 것이다. 즉 인체의 자연치유 능력의 불균형을 가져오며 면역력이 현격히 감소하는 것이다.

그러므로 우리는 효소가 살아있는 식품과 발효식품, 발효음료수를 먹고 마셔서 인체 내 잠재된 소화효소를 절약해야 한다.

인체 내 잠재효소 중 대사효소란 무엇인가?

소화효소가 분해하여 놓은 영양소를 인체에 필요한 에너지로 만드는 작용을 하는 것이 대사효소다. 대사효소는 여러 가지 작용을 하는데 인체를 만들고, 병을 치유하고, 호흡하고, 걷고, 생각하고 하는 모든 생명 활동에 사용하는 효소가 대사효소이다. 지구상 생존하는 모든 생물들의 생명활동은 효소의 작용으로 이루어지는 것이다.

산소를 운반하고 이산화탄소를 버리고 위의 연동작용을 시키고 신장에서 노폐물을 걸러내고 혈액을 만들고 심장을 뛰게 하여 생명을 유지하게 하는 일 등 이루 헤아릴 수가 없다. 혈액이 된 음식물의 영양소는 동맥 혈관과 모세 혈관을 통하여 인체를 구성하고 있는 100조 개나 되는 인체의 세포에 공급되어 생명을 유지하는 것이다.

인체의 혈관 길이는 장장 12만km 지구를 세 바퀴나 돌 수 있는 길이 이다. 이렇게 긴 혈관을 돌릴 수 있는 우리 몸의 혈액의 양은 5~6리터인데 이를 심장이 약 50초에 한 바퀴씩 돌리고 있으며 이러한 혈액을 만들고 혈관을 청소하고 하는 일 등을 인체 내 잠재효소가 하는 것이다.

이러한 효소는 인체를 이루고 있는 세포 덩어리 속에서 만들어지는데 정확히 말하면 세포 속의 리보솜이라는 단백질을 만드는 공장에서 효소가 만들어지는 것이다. 이렇게 만들어지는 효소의 양이 태어날 때부터 사람마다 정해져 있다는 것이다. 그러므로 우리는 외부로부터 끊임없이 효소를 보충하여 인체 내 효소를 아껴야 하는 것이다.

효소는 인간은 물론 식물, 동물, 미생물 등 살아있는 모든 생명체에 함유되어 있다. 이렇게 살아 있는 식물, 동물, 미생물 등에 살아 있는 효소를 외부효소라 하고 우리 인간이 섭취攝取할 수 있는 효소를 식품효소라 한다. 이러한 살아 있는 식품효소를 사람이 섭취하는 방법에는 생식生食과 발효醱酵시켜서 먹는 것이다.

효소는 섭씨 45도부터 소멸되는데 60도 이상의 열에서 완전히 죽는다. 즉 화식火食을 하게 되면 효소는 없고 영양분만 있는 죽어 있는 음식물을 먹게 되는 것이다.

삶은 씨앗을 심으면 새싹이 나오는가?
삶은 계란을 부화시키면 병아리가 나오는가?

화식으로 먹은 음식물은 입에서부터 시작하여 식도, 위, 간장, 담낭, 소장, 대장 등에서 이를 다시 몸에 필요한 살아 있는 효소로 만들기 위해 많은 양의 인체 내 잠재효소를 분비하게 한다. 그래서 우리는 효소가 살아 있는 음식물을 먹어야 소화효소를 덜 소모하는 것이다.

우리나라 식문화의 변화를 살펴보면,
1세대인 1960년대까지는 양으로 먹었다. 먹을 것이 귀했기에 먹을 수 있는 것이면 다 먹어 배를 채웠다. 이때는 평균 수명이 56세였다.
2세대인 1970년대에는 통일벼의 보급으로 먹을 것이 해결되면서 맛으로 먹기 시작했다. 즉 미원, 설탕 등 조미료가 등장하며 수명도 자동적으로 연장되었다.
3세대인 1980~1990년대에는 경제의 고도성장으로 가장들이 바쁘게 살면서 빠른 식사를 위하여 인스턴트식품과 분말생식이 등장했다.

4세대인 1990년대 말부터 2000년에는 국민소득의 증가로 각종 건강기능 식품이 출현하기 시작하여 수명은 더 연장되었다.

5세대인 2000년대 후반부터 드디어 발효식품의 중요성을 깨닫기 시작해 식생활의 발효화가 이루어진 것이다. 이로 인하여 우리의 수명은 많이 연장되어 지금은 평균 83세를 살고 있으며 앞으로 100세 시대를 내다보고 있다.

발효효소가 잠재되어 있는 우리나라 고유의 전통발효 식품인 된장, 간장, 고추장, 김치 등은 물론 우유를 발효시킨 유산균음료 또한 과일, 채소, 약초 등을 발효시켜 효소가 풍부하게 살아있는 발효음료와 식품들이 출현하기 시작한 것이다.

앨빈 토플러는 "발효가 미래를 지배할 것이다."라고 말했다.

필자가 발효음료를 접하게 된 것은 건설회사의 운영과 베트남과의 무역 등 과도한 업무와 연대보증 서 줬던 것들의 법정 다툼 등 악재가 겹쳐 심한 스트레스가 쌓이며 발생한 심장병 때문이었다. 병원에서 사업을 계속하면 급사할 수도 있으니 살고 싶으면 모든 사업에서 손을 떼고 조용히 쉬란다. 국내 사업을 후배들에게 맡기고 경기도 양평에 마련하여 두었던 산에서 기공 수련을 하며 요양을 시작했다.

이때 만난 것이 일본의 타나카 시게루 의학박사가 현미를 발효시켜 만들었다는 'EM-X'라는 현미 발효 효소음료였다. 모든 약과 건강 보조약들을 끊고 3개월에 한 번씩 정기 검진을 받아가며 효소음료를 마시고 기공수련을 시작한 지 2년쯤 지났는데 병원에서 평생 갈 줄 알았던 심장병이 없어졌으니 약을 먹을 필요가 없단다. 나는 벌써 약을 끊었는데 말이다. 참 드문 경우이니 침과 피를 연구용으로 기증하란다. 너무 기뻐서 흔쾌히 기증했다. 이것이 기와 인체 내 잠재효소의 인체 자연치유 능력이다.

이것이 내 몸속의 주치의가 행한 신통한 자연치유 능력인 것이다.

이때부터 발효효소 음료를 연구하고 만들기 시작하여 지금은 50여 가지의 발효 효소음료를 소장하고 있으며 암 환우들에게 나누어 주며 건강상담 봉사와 강의를 하고 있으며 필자가 머물고 있는 산야초마을에서 초보자들을 위하여 발효효소 만드는 법을 시연하고 있다.

우리 전통 발효식품인 된장, 간장, 고추장, 김치 등에는 잠재효소와 유산균이 풍부하게 함유되어 있다. 이러한 전통음식에는 식품첨가물이나 방부제가 들어 있지 않다. 현대를 사는 우리는 내 몸을 서서히 죽이는 식품첨가물과 방부제의 홍수 속에서 살고 있다. 우리가 1년간 가공 유통되는 식품을 먹음으로써 먹는 방부제가 대략 16kg, 식품첨가물이 24kg이나 된단다. 이러한 것들이 알게 모르게 암을 일으키고 질병을 유발하는 것이다. 이래서야 건강하게 살 수 있겠나.

된장의 오덕五德을 아는가?

첫째 단심丹心 - 타 음식과 섞여도 제 맛을 잃지 않는다.

둘째 항심恒心 - 오래 두어도 상하지 않는다.

셋째 불심佛心 - 비리고 기름진 냄새를 없앤다.

넷째 선심善心 - 매운맛을 부드럽게 한다.

다섯째 이심利心 - 어떤 음식과도 잘 어울린다.

이렇게 좋은 우리 전통 발효음식의 섭생과 발효효소 음료의 생활화로 우리의 건강을 지켜야 하겠다. 시중에 유통되고 있는 된장, 간장, 고추장에는 방부제와 유해색소가 함유되어 있으며 양조간장에는 콩 성분이 없다. 이것들이 우리 몸을 피폐화시키고 암 등을 유발하는 것이다.

내 몸이 나의 주치의

이제 결론을 내려 보자. 내 몸을 질병으로부터 방어해 주고 항상성을 유지시켜주는 것은 내 몸 안의 기와 잠재효소, 면역체 등이다.

의학의 아버지 히포크라테스는 "내 몸 안의 의사가 고치지 못하는 병은 하늘이 내린 명의도 고치지 못한다."라고 하였다.

살이 찢어지면 병원에서 꿰매야 한다. 그러나 그 살을 아물게 하는 것은 의사가 아니고 내 몸이 하는 것이다. 즉 몸속에 있는 잠재효소가 하는 것이다. 삶은 돼지고기를 의사가 꿰맨다고 그 살이 다시 붙는가. 뼈가 부러지면 병원에선 석고 붕대만을 해 준다. 의사는 더 이상 할 일이 없다. 그다음은 우리 잠재효소가 열심히 일을 하여 뼈를 붙이는 것이다. 부러진 통닭 다리를 석고붕대 하였다고 붙겠는가? 효소가 살아 있는 생명체여야만이 살을 아물게 하고 뼈를 붙일 수 있는 것이다. 이것이 살아 있는 생명의 자연치유 능력인 것이다.

우리말에 "몸살"이란 말이 있다. 보통들 "감기몸살 들었다." 한다. 이 몸살이란 말은 "몸을 살린다"는 뜻이다. 감기몸살에 걸리면 열이 많이 난다. 우리 몸의 평균체온은 36.5도인데 감기몸살에 걸리면 체온이 38도까지 오른다. 이는 우리 몸이 잠재효소를 활성화시켜 감기바이러스를 퇴치하는 면역체를 증가시키기 위함이다. 효소는 섭씨 37.5도에서 가장 활발히 증식활동을 하는데 침투한 바이러스를 열을 올려 태워 죽여 버리는 것이다. 이것이 몸살이다.

한데 우리나라 병원에 가면 의사들은 얼른 해열제를 처방하고 항생제 주사를 놓아 준다. 이는 내 몸속의 의사들이 일을 못 하게 방해하는 것이다. 그래서 바이러스는 잠복되어 있고 감기가 잘 안 낫는다. 소화제도 그렇다 위에서 스스로 소화를 시켜야 하는데 조금만 거북하면 소화제를 먹는다. 그러면 위의 자연 소화 능력은 감퇴되고 끝내는 그 능력을 상실하여 버린다.

여러분 정로환征露丸이라는 지사제를 아는가. 러시아를 정복한 약이란 뜻이다. 일본이 2차대전시 러시아를 침략했을 때 병사들이 음식물만 먹으면 설사를 하였다. 당연히 대장은 주방장을 혼냈고 주방장은 화가 치밀어 주방소독제인 크레졸을 음식물에 넣었다. 그런데 희한하게 병사들의 설사가 멎었던 것이다. 이렇게 탄생한 것이 정로환이다. 바로 정로환의 원료가 소독제인 크레졸인 것이다. 정로환은 장내의 유해균이나 유익균을 모두 죽여 버린다. 이렇게 좋지 않은 약을 우리는 설사만 하면 먹는다.

우리의 전통 지사제인 발효 매실청이 있는 데도 말이다. 매실 속에는 살균작용을 하는 카테킨산이 들어 있어 유해균만 골라서 죽인다. 서너 번만 마시면 웬만한 설사는 멎는다. 이렇게 자연의 산과 들에는 효소가 풍부하게 들어 있는 열매와 풀들이 무궁무진하며 이것들을 발효시키면 훌륭한 치유제가 되며 보약이 되는 것이다.

오늘부터 습관적으로 복용하던 약들을 하나씩 정리하고 끊음으로써 간의 약 해독 부담으로부터 해방시켜주고 신장의 혈액 속 노폐물 처리량을 줄여 줘야 하겠다.

이제 우리는 복식호흡과 살아 있는 발효식품의 생활화로 내 몸 안의 의사를 깨우고 튼튼하게 하여 그 의사를 잘 부려 먹는 지혜를 가져야 하겠으며 자연이 주는 식품을 발효시켜 먹음으로써 조물주로부터 한정적으로 받았던 효소를 절약하는 식습관을 생활화하여 무병장수해야겠다.

끝으로 하루에 몸의 체온을 1도 올려주는 운동을 30분씩 매일 하면 '만병을 예방하여 준다'고 하였다. 우리 모두 '진정한 의사는 내 몸 안에 있고 나의 치유제는 발효식품'이라는 확신과 믿음을 갖고 모든 질병으로부터 해방되어 쾌적하고 즐거운 삶을 누려보자.

PS. 한정된 지면으로 인하여 좀 더 자세한 내용을 전달하지 못하여 안타깝게 생각하며 단전호흡과 발효효소를 좀 더 자세히 알고 싶으신 분들은 언제든 필자가 머물고 있는 산야초마을로 연락 주시면 친절히 상담하여 드리겠습니다.

3장

행복

변 영 순

서울여자대학교 교육대학원 미술교육전공 석사

목포대학교 일반대학원 교육학과 교육심리전공 박사 수료

서울초등교사 25년 / 어린이집 원장

대학교 사회복지학과 출강

광주지방법원·광주가정법원 해남지원 가사조정위원

광주전남상담학회 이사

고려대 명강사 최고위과정 수석부회장

고려대 명강사 최고위과정 제4기 수료

초등교사 1급 정교사 자격 / 명강사 명강의 1급 자격

한국상담학회 2급 전문상담사 자격

심리분석사(에니어그램) 자격 / 색채심리지도사 자격

휴먼칼라심리지도사 자격 / 인성지도사 1급 자격

이메일: byunys7@naver.com

연락처: 010-4632-8110

심리상담 강사로서 공감과 감동으로 행복이 있는 오늘을 연다

열정을 품은 꿈

개인심리학자 알프레드 아들러의 출생 순위 특징에 의하면, 둘째아이는 "경쟁심이 강하고 대단한 야망을 가진 성격을 갖는다." 라고 했다. 둘째딸로 태어난 나 또한 그러한 성격을 갖고 있는 것 같다.

20대 초반 교대를 졸업하고 곧바로 교직에 부임한 뒤 나의 젊음을 초등교육에 바쳤다. 부임하고 나서는 얼마 되지 않아 걸스카우트 대장을 맡아 대원들을 이끌었고, 그 후 다른 학교로 전근하여 근무 기간 중 학년부장과 특수부장을 역임하였다.

특히 기획력을 인정받아 체육부장으로서 교내·외 행사와 학부모 행사 등 각종 행사를 성공적으로 진행한 바 있다. 또한 서울시 시범연구학교를 주관하여 배드민턴 감독으로 전국소년체전 전국 2위의 성과를 내는 등 각종 분야에서 리더십을 발휘하기도 했다.

25년이란 짧지 않은 세월, 초등 교단에서 열정을 쏟던 중 마음에 뜻한 바가 있어 학교를 명예퇴직하고 어린이집을 운영하게 되었다. 리더십을 앞세운 합리적인 어린이집 운영이 알려져 고구려 대학교 사회복지학과로부터 출강 제의를 받게 되었다. 초등학교 교사 출신으로 어린이집 원장을 맡고 있는 내게 대학교 출강 제의는 솔깃했지만 한편으론 두려움으로 다가왔다.

출강 제의를 받고 망설이고 있을 때, 나를 강력하게 추천해 주셨던 교수님께 "1년만 해 보겠다."라며 다소 소극적인 태도를 보였다. 당시는 초등교사로 명예퇴직하고 2년이라는 시간이 지났을 때였다. 교단에 대한 그리움이 있었던 터라 긴장감과 기대감이 뒤섞인 묘한 감정으로 대학 강단 데뷔식을 치렀다. 첫 수업이 끝난 후 나의 두려움은 기우에 불과했다는 사실을 깨달았고, 집으로 돌아오면서 숨통이 트이는 기분을 맛보았다.

추천하신 분을 봐서 1년만 강의하겠다고 했던 소극적인 생각과는 달리, 열심히 소통하는 강의를 진행한 덕인지 학교 측으로부터 계속 강의해 줄 것을 권유받았다. 나 또한 강의에 대한 애착을 갖게 되었고 「아동미술」, 「언어지도」, 「보육실습」, 「보육학개론」, 「아동건강 교육」, 「아동복지론」, 「보육과정」 등의 과목을 통해 4년간 학생들을 지도했다.

야간대학교 수업을 맡았던 까닭에 강의는 어린이집 근무를 마치고 시작됐다. 주간의 주어진 업무만으로도 피곤이 밀려왔지만 오히려 대학 강의를 마치고 나설 때는 "역시 나는 강의를 해야 해. 강의를 하고 나니 피곤함이 다 사라졌어!"라고 어두운 교정에서 혼자 소리쳤던 일이 매일 거듭되었다. 강의를 통해 나의 에너지는 생성되었고 감동의 카타르시스도 맛보게 되었다.

대학 강의는 내게 꿈 이상의 가치를 실현시켜 주었다. 그런 만큼 학생들을 열심히 지도했고, 어떻게 하면 학생들의 입장에서 이론과 실기를 전달력 있는 메시지로 이해시킬 것인가를 늘 연구하였다. 연수나 교육에 참석하게 되면 교육 내용과 함께 강사들의 움직임과 강사들의 스킬을 하나하나씩 기록하였고 TV와 인터넷의 명강의를 찾아서 시청하는 습관이 생겼다.

25년의 초등교단 경험과 이후 어린이집 운영 경험이 기반이 돼 우연한 기회에 대학 강의를 시작했지만 내 운명에 적지 않은 변화가 찾아왔다. 대학 강단을 통해 내가 강사로서의 자질을 갖췄다는 확신을 갖게 됐고, 향후 내가 나아가야 할 길이 전문 강사라는 사실을 깨닫게 됐다. 그래서 명강사로 가는 길을 택하였고, 명강사가 되기 위한 노력은 지금도 계속되고 있다.

꿈의 가치 향상을 위한 몰입

강의를 하는 시간이 더해지면서 얻어가는 에너지는 커졌다. 강의 경험이 누적되면서 내 말을 경청하는 학습자들을 위해 더욱 철저한 강의 준비가 필요하다는 사실을 새록새록 느끼게 됐다. 강의력 향상을 위한 재교육의 필요성도 절실히 느끼기 시작했다. 점점 꿈은 커지고 있었고 그 꿈이 현실로 다가오는 만큼 내가 부담해야 할 몫도 커진다는 사실을 온몸으로 깨우쳤다.

대학에서의 강의 외에 일반 성인을 대상으로 한 강의로 영역을 넓히고, 강사로서 꿈을 실현해 나가기 위하여 전문 지식을 갖추기 위한 몰입이 필요하다고 생각했다. 그러나 이미 명강사로 가기 위한 나의 열정은 시작됐고, 앞으로 가는 것만이 내가 해야 할 일이라는 것을 확신했다.

서울여자대학교 교육대학원 미술교육학 석사 학위를 기반으로, 관심을 갖고 공부했던 미술치료에 매진하기로 했다. 최우선적으로 학문적 지식을 넓히는 것이 필요했다. 그리하여 목포대학교 일반대학원 교육학과 교육심리 전공 박사과정을 수료하였다.

박사 논문의 이론적 배경은 Fredrickson의 '긍정적 정서의 확장-구축이론'이며, 이 이론에서 긍정적 정서는 인간의 사고와 행동을 더 넓게 확장시키며, 긍정심리학은 긍정적인 조직의 개발이나 개인의 시민의식, 책임감, 이타주의와 같은 덕성을 강조한다. 긍정심리학은 건강한 가족의 형성이나 긍정적 지역사회의 형성에 중점을 둔다. 박사과정을 진행하는 중에도 나의 리더십은 계속 발휘되어 석·박사 원우회장을 맡아 즐거움을 만끽하며 열정적인 학교생활을 하였다.

관심을 갖고 참여한 한국미술치료학회 미술치료사 과정 외에 보폭을 넓혀 한국상담학회 2급 전문상담사 자격증을 취득하였다. 또한 색채심리지도사 2급 자격증과 심리분석사(에니어그램) 2급 자격증을 취득하는 등 각종 상담 분야에서 이론과 실기를 병행하였다.

상담은 스스로 해결하기 어려운 문제를 가진 내담자를 도울 수 있는 전문상담사가 상호작용을 통해 내담자를 돕는 과정이다. 그래서 전문상담사는 인간적 자질과 전문적 자질을 갖추어야 한다. 전문상담사는 자신과 타인 및 사물을 있는 그대로 이해하고, 이해한 그대로를 수용하며, 나아가 수용한 그대로를 드러낼 수 있는 성장된 인간이 될 수 있도록 평생 노력해야 한다.

그리고 전남상담학회 이사로서 상담 분야에 대한 전문성을 넓혀 가고 있을 즈음 광주지방법원·광주가정법원 해남지원 민사조정위원 임원으로부터 가사조정위원으로 활동해 달라는 요청을 받았다. 나는 흔쾌히 수락하였고 광주지방법원·광주가정법원 해남지원 가사조정위원으로 위촉을 받아 법원에서 보내준 자료인 사건의 개요와 내용을 밤새워가며 숙지하였다. 이혼 위기에 있는 부부의 조정을 맡아 가사조정위원으로 활동하면서 부부간에 소통의 어려움을 겪는 것을 보았고, 자기 입장만 주장하며 한 방향으로만 나아가서 힘들어하는 경우를 많이 보았다.

이들 부부가 서로의 상처를 직면하여, 부부의 중요성을 알고 서로 이해하는 시간을 갖도록 하였고, 서로가 가진 꿈과 가치에 대해 탐색하도록 하였다. 결국 힘든 시간을 이겨내는 힘은 사랑이고 이는 곧 치유라는 사실, 사랑을 받는 사람도 치유되지만 사랑을 주는 사람도 치유된다는 사실을 깨우쳐 주는 것이 가장 정확한 문제의 해결책이었다.

강사로서의 전문성을 더욱 체계적으로 넓히기 위해 고려대 명강사 최고위과정에 입문해 명강사들로 구성된 교수진의 전달력 강한 강의를 접하면서 많이 깨달았고, 많이 배웠다. 현장에서 활용할 수 있는 노하우를 전수받았고, 자질 향상을 위한 강의 시연과 개별 코칭을 받으며 강의 기술을 향상시켰다.

고려대 명강사 최고위과정은 전문 강사 양성에 맞는 교육 목표를 제시했고, 실효성 있는 강의 내용으로 이루어졌다. 그 덕에 나는 심리상담 강사로서의 자질을 향상시킬 수 있었다. 고려대 명강사 최고위과정 수료 후에는 명강사 명강의 1급의 자격 취득은 물론 인성지도사 1급 자격증까지 취득하였다.

성공하는 것에는 모두 감동이 있다고 한다. 나의 성공을 향한 감동은 현재진행형이다.

공감과 감동으로 행복이 있는 오늘

학교에서 오래 근무한 덕에 제자들이 많이 있다. 그런데 많은 제자들 중 가족처럼 느껴지는 유난히 친밀한 제자들이 있다. 초임 때 가르친 제자들은 이제 같이 나이 들어가는 처지이다. 무척 깊은 친밀감을 유지하던 한 제자는 내가 49세가 되던 해 주례를 부탁했다. 사실 젊은 여자가 주례를 맡은 것만으로도 사람들의 이목을 집중시키기에 충분했다. 주례를 하기 전 쑥스러움이 커 사람들과 눈 마주치는 것도 피하였다.

그러나 주례를 시작하면서 두려움과 떨림은 사라졌고 가족 같은 나의 제자와 사랑스러운 신부를 향해 나의 마음을 편하게 전하였다. 주례사가 끝나는 순간 하객 중에서 점잖으신 남자분께서 일어나시더니 "주례, 짱!"이라고 하시며 엄지손가락을 높이 들어 보이셨고, 다른 하객들도 박수갈채를 보내주셨다. 평소에 남들 앞에 서는 일에 큰 두려움은 없었지만 하객의 박수갈채를 받고 보니 내 자신이 자랑스러웠고 많은 사람들 앞에 서는 일에 자신감이 더욱 커졌다. 이 또한 제자를 향한 진정성 담긴 나에게 찾아온 큰 선물이라 생각한다. 인연의 소중함을 귀히 여기고 존중해주며 살아가는 나는 얼마나 행복한가?

나의 박사 논문 주제는 '감사'이다. 감사란, 특정 대상으로부터 자신에게 주어진 은혜를 스스로 인식하고 그것에 만족하며 그 은혜에 대한 보답을 표현하고자 하는 마음이라고 정의된다. 우리는 살면서 감사의 표현을 얼마나 많이 하면서 살아갈까? 보고 듣고 느끼고 생각하고 경험한 것들을 마음속 깊이 새겨 나온 말은 감동스러울 수밖에 없다. 사랑하는 사람에게 가장 필요한 것이 바로 감사의 표현이다.

그러나 막상 대부분의 사람들은 아끼고 사랑하는 사람에게 감사의 마음을 전하는 데 인색하다. 정작 남에게는 관대하면서도 가족들에게는 감사를 표현하지 못한다. 자녀를 대할 때 그런 상황은 더욱 심하다. 서로에게 감사하는 마음만 가져도 가정은 몇 곱절 행복해진다.

인간이 태어나서 자율적인 성인으로 성장할 때까지 부모로부터 받는 영향력은 상당하다. 심지어 부모가 자녀의 행복까지 좌우한다. Reuter와 Conger에 의하면, 청소년의 인성발달은 부모와 자녀관계의 산물이며, 부모와 자녀가 원만한 관계를 가질 때 자녀는 건강한 발달을 할 수 있고, 이러한 관계를 잘 이해할 수 있는 영역이 부모와 자녀 간의 의사소통 영역이다. 부모와 자녀 간의 대화는 부모의 양육태도를 가장 직접적으로 드러내주고 부모와 자녀 간의 관계를 결정지으며 자녀의 모든 영역에 많은 영향을 준다.

인간은 누구나 사랑을 받고 싶어 한다. 사랑이 결핍되면 그로 인해 치러야 할 대가가 너무 크다. 인생을 살다 보면 즐거운 일과 힘든 일 등 많은 일들이 일어난다. 그럴 때 누군가 조금만 관심을 갖고 힘든 사람의 이야기를 들어준다면 인생 한복판에서 외롭게 혼자 놓여 있지는 않을 것이다. 힘든 누군가의 감정을 공감해주며, 현재 상태의 스스로를 이해하고 극복할 수 있도록 강화시키고, 자신의 꿈에 대한 가치를 탐색하도록 돕는다면, 즐거움이 쌓이고 자신감으로 가득 차게 될 것이다.

나는 어린이집, 초등학교, 대학교의 교직 경력과 현장에서의 경험, 학문적 기반을 바탕으로 색채심리, 매체를 활용한 미술치료, 감성 미술, 긍정심리코칭, 심리학 관련 강의, 보육학과 관련 강의, 인성교육, 부모교육, 부모-자녀 간의 대화기법 등의 주제를 강의할 수 있는 심리상담 강사로서의 기반을 다졌다. 그렇기에 현재 이론과 경험으로 무장된 강의력과 리더십을 갖춘 심리상담 강사의 길을 걷고 있다.

이 글을 처음 쓰기 시작했을 때 '어떻게 하면 글을 잘 쓸까?', '어떻게 하면 이 글을 읽고 내게 강의 요청을 하도록 할까?'라는 두 가지에 초점을 두었다. 그러나 글의 말미에 접어들면서 '어떻게 하면 말이 되는 글을 쓸까?', '어떻게 하면 살아있는 글이 될까?'로 초점이 변한 것은 나의 진정성을 전달하고픈 마음인 것이다.

나의 꿈은 내 강의를 듣는 사람들에게 감동을 주는 강사가 되는 것이다. 그 꿈을 실현하기 위해 오늘도 나는 학습자와 강사가 하나가 되어 즐길 수 있는 강의를 설계하고 있다.

'어떻게 하면 나의 열정이 살아서 전달될까?'
'어떻게 하면 공감과 감동으로 행복이 있는 오늘을 열까?'

오늘도 나는 명강사의 길을 힘차게 걷고 있다.

노 양 순

열린 어린이집 원장

고대 명강사 최고위과정 수료

인성교육 강사

사회복지사 2급

유아교육/상담전문가

특수아치료교육사 2급

보건복지부장관상 수상

이메일: openshine@naver.com

연락처: 010-3077-0875

오늘도
나는 꿈을 꾼다!

작은 신뢰로 얻은 기회

일반적인 '인생의 수순'을 정리해보면 10대에 목표를 설정하고, 20대에 대학 진학 등을 통해 전공을 선택하면서 목표를 이루기 위한 스펙을 쌓고, 30대에 이르러 그 꿈을 향한 구체적 기회를 잡게 된다. 이러한 과정이 일반적이라면 내가 걸어온 길은 결코 평범하지 않다. 40대 중반에 이르러 한 번도 생각해 보지 못했던 일이 기회로 찾아왔다. 그 기회는 나에게 행복의 통로가 되었다.

2001년도의 일이다. 당시 나는 농아교회의 후원자이자 봉사자로 10년 넘게 생활하고 있었다. 오랜 시간을 농아들과 생활하다 보니 자연스럽게 농아인들과 친구가 되었다. 어느 날 농아교회 전도사님으로부터 만나자는 연락이 와서 반가운 마음에 약속 장소에 나갔다. 여러 이야기가 오간 뒤 전도사님은 내게 뜻밖의 제안을 했다. 농아교회 어린이집 운영자 자리가 공석이 되었는데, 교인들이 내가 후임자가 되어주기를 원한다는 것이었다. 그들이 신뢰할 수 있는 사람으로 나를 지목했다는 사실에 감사하고 고마웠다. 그러면서도 한없이 작아지는 마음은 어찌할 수 없었다.

젊을 때는 여러 가지 해보고 싶었던 일들도 많았고 꿈도 있었지만 그러한 꿈들을 접고 오랜 시간을 평범한 아줌마로 살았는데 '내가 뭘 어떻게 할 수 있을까' 싶어 겁이 덜컥 났다. 어린이집 운영은 그동안 내가 해왔던 봉사활동과는 차원이 다른 일이어서 고민할 시간이 필요했다. 스스로 자격도 안 된다고 생각했다. 전문성이 없는 내가 절대적인 전문성을 필요로 하는 단체를 이끌어 나가야 한다는 부담감이 너무나 컸다. "예"라고 대답은 했지만 시작도 하기 전에 내가 짊어지게 될 삶의 무게가 버겁게 느껴졌다.

여러 고민을 하던 중 농아교회 교인들이 나를 신뢰하고 그렇기 때문에 내가 어린이집을 운영해 주길 바란다고 하신 전도사님의 말이 생각났다. 사회에서 약하고 소외받는 곳에서 나를 원하고 있다는데, 그들을 보듬어 달라는 제안에 대해 부담을 느끼고, 짊어지게 될 삶의 무게를 고민하고 있는 나를 바라보니 부끄러움이 밀려왔다. 그래서 그들과 지금껏 쌓아온 신뢰를 생각하며 용기를 냈다. 당시 나의 판단은 이러했다.

'나는 어린이집을 운영할 수 있는 적임자가 아니니, 어린이집 아이들에 대한 사명감이 있는 사람이 나타난다면 그때 그 사람에게 미련 없이 인계하겠다. 그러니 한시적으로 농아교회 어린이집을 운영해 보겠다.'

그러면서 전공자가 나타날 때까지 한시적으로 운영하더라도 농아교회 교인들과 어린이집 아이들을 위해 대학기관에서 전문적인 교육 과정을 밟아야겠다는 생각을 했다. 그날부터 나의 거꾸로 가는 삶이 시작됐다. 대부분의 사람들이 장래 직장을 얻기 위해 젊을 때부터 대학을 다니면서 자격을 취득하지만, 나는 반대로 직장을 먼저 얻고 그 직장에의 역할을 다하기 위해 전공을 선택하게 되었고 대학에 진학해 자격을 취득하게 된 사례이다. 그러니 거꾸로 가는 인생이라는 표현이 적절할 것 같다. 아무튼 나의 뒤늦은 공부는 이렇게 시작됐다.

40대 후반에 시작한 대학생활과 전문적인 공부! 늦깎이로 대학에 다니는 나를 지켜보며 주위 사람들은 "힘들지 않느냐?", "얼마나 오래 운영을 하려고 이렇게 어려운 길을 걷는 것이냐?"라고 걱정해주었다. 그러나 나는 행복했다. 지금 돌이켜 생각해봐도 그때의 행복은 일찍이 경험해보지 못한 것이었다. 배움의 즐거움! 알아가는 것에 대한 기쁨! 비록 몸은 지치고 힘들지라도 배움의 과정으로 인해 내가 살아 있는 듯했고 그래서 행복을 느끼기에 충분했다. 그때부터 배움에 대한 나의 욕심은 커져만 갔다. 배우는 즐거움을 몸소 체험했기 때문이었다. 보육교사 자격증은 물론 사회복지사 자격증도 취득하게 되었다. 그 후로 어린이집 원장 자격도 취득했다.

배움의 즐거움은 곧 직장으로 연결되었다. 즉 학교에서 배운 이론을 어린이집 현장에서 적용하려고 노력하였다. 여러 선생님들과

늘 상의하면서 아이들이 제2의 집처럼 느낄 수 있는 어린이집을 만들고자 궁리를 거듭하였고, 여느 어린이집보다 질 높은 교육을 제공하기 위해 끊임없이 노력을 기울였다. 그런 노력의 결과, 우리 어린이집은 학습 내용과 시설이 날로 개선됐다. 처음 어린이집을 맡아 운영했을 때와 비교해보면 아이들의 얼굴은 천사처럼 밝아졌고, 학부모들의 평가도 매우 긍정적으로 변해갔다.

이후 어린이집 운영에 자신감을 갖게 되었고, 사명감이 있는 다른 누군가가 따로 존재하는 것이 아니라 내가 그 사명자라는 생각을 갖기 시작했다. 하나님께서는 천하보다 귀한 것이 생명이라고 했다. 어린이집 아이들이 얼마나 소중하고 대단한 존재인지를 느끼게 된 순간, 내가 더욱 성장하고 더욱 영향력 있는 사람이 되어야겠다고 생각하였다. 10년여 동안 쌓은 신뢰 관계로 인해 새로운 인생의 기회가 찾아왔고, 그 기회에 용기를 냈다. 그 기회와 용기는 내 삶을 변화시켰고, 나는 작지만 나 한 사람이 어떻게 서 있고, 어떤 영향력을 미치느냐에 따라 많은 사람들의 생각과 마음이 변화된다는 것을 깨닫게 되었다.

내 인생 철학에 초점 맞추기

작은 생명의 소중함과 가치를 깨닫게 되면서 어린이집 아이들에게 가장 중요한 것이 무엇인지 고민했다. 그것은 바로 생활기본교육과 인성교육이었다. 또 학부모들의 자녀양육교육이 절대적으로 필요하다고 생각했다. 아이들과 학부모들의 교육을 위해서는 내

보건복지부장관상
수상을 기념하며

가 더 많은 전문지식을 갖춰야 한다고 생각했고, 그로 인해 배움에 더욱 열정을 쏟기 시작했다. 가장 먼저 아이들의 성품과 인성을 교육할 수 있는 프로그램에 관심을 갖게 되었다. 세 명의 자식을 양육하면서 우리 아이들의 마음에 심어주고 싶었던 것이 하나 있었다. 그것은 바로 예의 바르고 따뜻한 마음을 갖게 하는 것이었다. 아이들이 성장하는 과정은 물론, 성인이 된 이후에도 어디서든지 그 따뜻함이 다른 사람에게 전해지는 사람이 되길 바랐다.

이 같은 마음은 어린이집을 운영하는 동안에도 핵심 철학이었다. 우리 어린이집에 등록한 아이들은 보통 2~3살에 입학해 초등학교에 들어가기 전까지 적어도 4~5년을 꾸준히 다닌다. 그래서 아이들을 스쳐 지나가는 인연으로 여기지 않았다. 내가 키우고 기르고 교육해야 하는 나의 자녀라고 생각하였다. 우리 어린이집에서 자라는 아이들에게도 내 자식들을 가르칠 때와 마찬가지로 바른 인성을 가질 수 있게 그 씨앗을 잘 심어주어야겠다고 생각하였다.

바른 인성이란 무엇일까? 우리 사회에서 생각하는 '바른 인성'의 표상은 여러 가지로 나타날 수 있을 것이다. 인성이 바르다는 것을 우리 사회상에 맞게 풀어 이야기해 본다면, 예의범절을 잘 지키는 사람일 수 있다. 예의범절도 너무 추상적이다. 조금 더 풀어 본다면, 인사를 잘하고, 어른을 공경하고, 자신을 생각하기보다 다른 사람을 먼저 생각해 양보하고 배려하는 사람을 보고 우리는 인성이 바르다고 이야기할 수 있을 것이다.

바른 인성의 출발은 어른을 공경하는 마음이라고 생각했다. 특히 어른 중에서도 부모, 자신의 부모를 사랑하고 부모를 따르고 공경할 줄 아는 마음이야말로 가장 기본적인 마음일 것이니, 그 마음의 씨앗을 아이들에게 심어줘야겠다고 생각하였다. 그래서 우리 어린이집은 아이들이 부모님의 마음을 같이 생각해 보고, 부모님께 사랑의 마음을 전하며 가족의 소중함을 느낄 수 있게 하는 교육 프로그램을 운영하고 있다. 학부모들을 대상으로 한 기본생활 교육을 진행하고 있고, 학부모들이 자녀들의 인성 함양에 힘쓸 수 있도록 하는 내용의 교육 프로그램도 운영하고 있다.

나의 이런 교육 철학을 잘 알고 있는 한 지인이 어느 날 "효행인성지도사 공부를 해서 전문적으로 자신의 철학을 펼쳐 보면 어떻겠느냐?"라는 제안을 했다. 여러 가지 교육학적인 이론을 바탕으로 인성 교육의 기틀을 마련하는 것도 중요하지만, '효행인성지도사' 공부를 하면 우리나라 정서에 맞게 효와 관련된 교육을 할 수 있고 바른 인성을 지도할 수 있을 것이라고 생각했다. 그래서 그 지인의 제안이 무척 반가웠다. 그 제안을 받아들여 '성산청소년효재단' 전라남도 본부장님과 함께 '효행인성지도사' 공부를 시작하였다. 열심히 공부한 끝에 1급 자격증을 취득할 수 있었다. 여러 교육 과정을 이수하며 타 기관에서도 효행이나 인성과 관련된 교육이나 강의를 할 수 있는 자질도 갖췄다.

준비가 되어 있다고 해서 늘 기회까지 준비되어 있는 것은 아니었다. 효행인성지도사 공부를 마치고 여러 실습의 과정을 통해 강의를 할 수 있는 준비를 마쳤지만 현실에서는 나의 생각을 펼칠 수 있는 기회가 좀처럼 찾아오지 않았다. 다만 효행인성지도사 과정을 통해 효행과 인성에 대해 많은 지식과 정보를 얻고, 관심을 갖게 된 것은 큰 소득이었다. 평소 내가 갖고 있던 인성 교육에 대한 생각과 효행인성지도사 공부를 통해 얻은 새로운 지식을 학부모들과 나누며 소통하였다. 그럴 때마다 학부모들로부터 긍정적인 반응을 받았고 그 반응을 통해 '적어도 내가 그른 길을 걷고 있는 것은 아니구나.' 하고 생각을 하였다.

그러던 중 효행인성지도사 공부를 같이 했던 본부장으로부터 2년 만에 연락을 받았다. 본부장을 통해 초·중·고등학교에서 '효인성교육' 강의를 해보겠느냐는 제안이 들어와 수락했다. 그래서 강사 명단에 이름을 올리게 됐고 본격적인 나의 강의활동은 시작됐다. 그때 온몸으로 느꼈던 전율의 기억은 아직도 생생하다. 효행

인성지도사 공부를 하고 자격증까지 얻었지만 내가 초·중·고등학생을 대상으로 강의를 한다고 생각하니 너무나 설레고 가슴 두근거렸다.

오래전 우리 지역의 YWCA에서 진행하는 여러 가지 교육에 참여했던 일, 교회에서 30년 넘게 초등학생의 주일학교 교사로 봉사하며 성경을 가르쳤던 일, 어린이집 학부모에게 부모교육에 대해 강의했던 일, 딸아이가 초등학생이었을 때 선생님의 부탁으로 일일교사로 수업을 했던 일 등이 주마등처럼 스쳐 지나갔다. 그런 생각이 내 마음을 강하게 만드는 데 용기를 주었고, 우리 어린이집의 학부모들에게 받았던 긍정적인 피드백을 용기의 근간으로 삼아 본부장의 제안을 수락하였다.

소통하는 강사로서의 새로운 삶!

강의 중에

첫 강의 날짜가 잡히고, 그동안 공부했던 교육학 책을 다시 꺼내 보았다. 물론 한 시간짜리 강의이지만, 고등학생을 대상으로 하는 강의인 만큼 고등학생 대상 수업에서 가장 중요한 것이 무엇인지를 공부할 필요가 있었다. 수업 이외의 시간에 주어지는 효·인성강의는 성적에도 반영되지 않을 것이고 학생들의 관심을 끌 만한 주제가 아닌 탓에 강의 진행이 쉽지 않을 것이라는 생각이 들었다. 그래서 교육학 책을 공부하며 생각한 것이 바로 동기부여였다. 어떻게 하면 아이들이 나의 강의에 흥미를 가질 수 있을까, 어떻게 하면 아이들이 부모에 대한 효와 자신의 마음에 대해서 생각하는 기회를 갖게 할까 고민하였고, 그 고민의 결과물을 들고 떨리는 마음으로 교실로 들어갔다.

교실에 들어가 가장 먼저 학생들에게 요즘의 가장 큰 관심사가 무엇인지를 물었다. 그 대답은 우리 사회를 너무나 잘 반영하듯이 단연 수능이고 성적이었다. 그런데 단순히 수능을 잘 보는 것, 좋은 성적이 나오는 것을 넘어 부모님이 기대하는 수준의 성적을 원한다는 이야기가 나왔다. 그 이야기를 바탕으로 부모님에 대한 학생들의 생각을 물으면서 자연스럽게 강의를 이어나갔다. 처음 5분이 강의의 성패를 좌우한다는 말이 있다. 처음 5분을 자연스럽게 시작했으니 이후 강의도 술술 풀렸다. 수긍하고 공감하는 학생들의 눈빛을 강의시간 내내 확인할 수 있었다.

강의는 한 시간밖에 되지 않았지만 내가 전달할 내용만 일방적으로 전달하는 방식을 과감히 포기했다. 강의 도입부와 마찬가지로 학생들이 자신의 생각을 이야기할 수 있는 기회를 끊임없이 주었다. 그런 과정에서 학생들이 "효 강의라서 지루하고 따분할 것이라고 생각했는데 재미있다."라며 쉬는 시간까지 더 강의를 듣고 싶다는 반응을 보였다. 정말 기뻤다. 이어령 박사의 '80초 생각하기'를 기반으로 전달하고자 하는 메시지와 학생들의 현실에 있는 이야기까지 충분히 풀어내기에는 그 시간이 부족하다 느껴질 정도로 강의는 아주 성공적으로 진행됐다. 재미있고 뜻깊었다.

서필환 교수님과 강현녀 선생님과 함께

그 강의 이후 나는 꿈이 생겼고, 그 강의는 인생을 바꾸는 계기가 되었다. 더 전문적인 강사로 거듭나고 싶어졌다. '강사'라고 했을 때 떠오르는 몇몇의 이미지들이 있다. 말을 잘하는 사람, 재치와 유머가 있는 사람, 박식한 사람 등등. 나는 어떤 강사가 되고 싶은 것일까? 나는 소통하는 강사가 되고 싶다. 내가 고등학교에서 했던 강의도 바로 소통하는 강의였다. 나는 어린이집을 운영할 때도 늘 선생님들과 소통하고, 학부모들과도 쉬지 않고 소통했다. 이러한 소통은 강의의 자리에서도 이어졌던 것이다. 학생들의 생각을 끊임없이 묻고, 학생들의 마음을 이해하고자 노력했던 강의가 바로 나의 강의였다.

그렇지만 아직 여전히 부족한 점이 많다는 생각이 들었다. 그래서 고려대학교 평생교육원의 명강사 최고위과정을 이수하며 더욱 세련된 강의 스킬을 배우고 익혔다. 실제로 명강사 최고위과정은 강의 진행과 관련된 온갖 기능과 기술을 익히는 데 부족함이 없는 일정이었다. 능숙한 선배 강사들의 노하우를 단기간에 집중적으로 전수받아 한층 성숙된 강사로 거듭날 기회를 가졌다. 실제로 이 과정을 수료한 후 주위로부터 '강의가 한층 더 세련되고 여유로워졌다'는 평가를 받았다. 배움에 끝이 없다는 사실을 새삼 깨달을 수 있었다.

내 나이 이순耳順. 딸아이가 "엄마! 인생은 60부터라 하잖아요! 엄마의 꿈을 응원해요!"라고 용기를 심어준다. 맞다. 나는 이제부터가 시작이다. 더 이상은 엄마와 원장으로서 만족하지 않는다. 강의를 통해 세상과 소통하는 새로운 인생 2막을 살아갈 것이다. 소통하는 강사로 활약하며 많은 사람들을 만나고, 그들의 삶에 변화의 선물을 안길 것이다. 더불어 그 사람들의 삶에 따뜻한 봄바람을 불어넣어 줄 것이다. 나를 위해, 내 강의를 통해 삶을 변화하는 이들을 위해, 명강사 노양순의 강의는 계속될 것이다. 이제부터 진짜 시작이다. 명강사로 살아갈 내 삶이 아름답다.

신 경 호

고려대 평생교육원 인성지도사

한국교총 인성지도사

평생교육진흥원 문해교육사

고려대 평생교육원 명강사

한국강사협회 정회원

꿈너머꿈 인성연구원 대표

교육학 석사

초등학교 교장

이메일: skh5803@sen.go.kr

연락처: 010-6270-5534

인성교육,
실천이 답이다

1. 인성교육

가. 인성의 개념

인성이라는 말은 다양한 의미를 지니고 있다. 어느 철학자는 "인성이 곧 운명이다."라고 했으며, 또 어떤 학자는 유교적 관점에서 인성을 심心, 성性, 정情, 의意를 모두 포함하는 것이며 이것은 지적, 정의적, 도덕적 능력을 포함하는 개념이라고 정의하기도 하였다. 공자의 가르침을 정리한 사서에서는 인仁, 의義, 예禮, 지智를 인성이라고 하였다.

어떤 이는 인성을 성품이다, 본성이다, 전인적 인격이다, 타고난 성질과 인품이다, 덕이다 하고 각각의 시각에서 주장하기도 한다. 이렇게 많은 사람들의 주장을 정리하면 인성이란 인간이 지향하고 갖추어야 하는 인간다운 품성이나 도덕적 인격이라고 할 수 있겠다.

나. 인성교육의 개념

인성이라는 말은 다양한 의미를 지니고 있다. 동양의 전통적 학문에 따르면 인간의 본성에 관한 심성론에 의하여 성선설 또는 성악설로 그 의미를 밝힐 수는 있겠으나 오늘날 통상적으로 사용하는 인성의 의미는 서양의 학문적 전통에 뿌리를 둔 성격 혹은 인격을 뜻하는 것으로서, 각 개인이 지니고 있는 사고와 태도 및 행동 특성을 말하는 경우가 많다고 하겠다. 따라서 인성교육은 올바른 인성을 함양하기 위한 교육으로서 올바르게 생각하고 행동할 수 있는 성격과 종합적인 인격을 길러주기 위한 심성교육이라고 할 수 있다.

다. 인성교육의 필요성

인성교육에 대한 다양한 정의를 요약해 보면 인성교육은 도덕성 교육, 정의적 교육, 인간 교육, 공동체 의식 교육, 시민 교육까지를 포함하는 그야말로 통합적인 인격교육의 개념으로 교육현장에서 사용되고 있다. 그러면 학교 교육에서 왜 인성교육이 중시되고 있고 현실적으로 필요한 것인지 살펴볼 필요가 있겠다.

첫째, 학생들의 일반적인 심성의 황폐화 현상을 막기 위해서 필요하다. 최근 우리 사회에서 빈번하게 일어나고 있는 학교 폭력 및 청소년 자살 사건은 이들 청소년들이 얼마나 마음에 상처를 입고 반인륜적이 되었는가를 여실히 보여주고 있다.

둘째, 학교 교육에서 인성교육을 강화할 필요가 있다. 학교에서는 오래전부터 인성교육에 관심을 갖고 나름대로 노력을 기울여 왔으나 상급학교 진학을 위한 국, 영, 수 중심의 교과 성적 중심, 입시 중심 교육에 밀려 인성교육이 경시될 수밖에 없는 환경이 오랫동안 지속되어 온 것도 사실이다.

셋째, 인성교육에 있어 가정과 학교가 별개일 수 없기 때문이다. 인성교육의 많은 부분이 가정을 바탕으로 이루어진다는 사실에 이론이 있을 수 없겠으나 요즘 경제적인 변화에 맞춰 맞벌이 가정이나 워킹맘들의 증가는 더 이상 인성교육을 가정이나 부모에게만 떠맡길 수는 없는 실정인 것이다.

2. 인성교육의 접근 방법

가. 포괄적 접근

인성교육은 단기간에 단편적으로 지도해서 되는 것이 아니다. 오랜 기간 지속적으로 다양하게 이루어져야 한다. 따라서 인성교육에서 포괄적 접근이란 학교교육이 이루어지는 모든 영역에서 전반적으로 실천적으로 접근해야 하며, 가정과 지역사회가 한 방향으로 연계해서 이루어지고, 인성교육 방법도 다양한 방법으로 다양한 프로그램과 교육 내용으로 이루어져야 한다는 것을 의미한다.

1) 학교교육 전반에서의 접근

학교교육은 교과서라고 통칭되고 있는 교과활동을 통해서 인성교육이 이루어진다. 특히 도덕, 국어, 사회 교과의 인성교육 비중은 매우 크다고 할 수 있다. 그뿐만 아니라 교과 외 활동, 학교 행사, 진로, 봉사활동, 창의체험, 상담활동 등 매우 다양한 교육활동을 하는데, 이런 모든 활동에서 인성교육은 전반적으로 이루어지기 때문에 포괄적이라고 할 수 있는 것이다.

2) 가정과 지역사회의 협력을 통한 접근

인성교육은 가정과 지역사회의 협력을 통해서 이루어지기 때문에 포괄적이다. 효율적으로 인성교육을 하기 위해서는 부모는 물론이고 지역사회의 기관, 지방자치단체 등 모든 기관들이 협력적으로 참여해야만 효과를 거둘 수 있다.

3) 다양한 교육 방법을 적용한 접근

교사를 통해 이루어지는 교육활동에서 교육방법을 다양하게 적용해서 인성을 함양하는 접근법으로, 방법의 다양성 그 자체만으로도 포괄적이라 할 수 있다. 학생들은 재미있는 방법의 수업과 변화를 좋아하는 특성을 갖고 있다. 획일적이고 변화가 적은 지식 위주의 강의식 수업보다는 가치를 추구하는 수업, 토론과 토의를 통한 의사결정 수업, 친구와 협동을 통해 결과를 얻는 협동학습, 스스로 문제를 해결해 나가는 프로젝트 학습, 간접체험이지만 역할을 체험해보는 역할놀이 학습 등 다양한 방법으로 포괄적으로 인성교육을 해야 할 것이다.

4) 다양한 교육 내용을 통한 접근

인성교육을 통해서 기르고자 하는 인성의 덕목에 적합한 학습 내용이나 주제가 매우 다양하다는 점에서 포괄적이라고 할 수 있다. 교과학습에서도 다양한 내용과 주제가 교육과정으로 편성되어서 운영되고 있지만 범교과로 분류되는 에너지 녹색환경교육, 인권교육, 정보윤리교육, 법 질서교육, 다문화 교육, 청렴교육, 양성평등교육, 성폭력 예방교육, 통일 안보교육, 보건 위생교육, 안전교육 등 모든 교육활동이 포괄적으로 인성교육과 관련이 있는 것이다.

3. 인성교육의 실천 방안

가. 학교-교실에서의 실천 방안

인성교육의 목적을 효율적으로 달성하기 위해서는 학교의 본질적 활동이라고 할 수 있는 교과활동은 물론 교과 외 활동과 함께 학교 교육 전반에 걸쳐서 실천해야만 한다.

1) 다양한 학교행사 활동을 통해 실천한다.

학교의 교육활동을 살펴보면 크고 작은 행사활동이 연중 계속되고 있음을 알 수 있다. 이러한 활동의 궁극적인 목표는 인성 함양에 있다. 몇 가지 실천 방안을 제시해 보고자 한다.

▶스포츠 리그 – 학년별로 학생들이 좋아하는 스포츠 종목을 정하도록 하고 학급별로 리그전을 펼치게 한다. 이 과정에서 중요한 것은 인성을 고려한 룰을 정하는 것이다. 예를 들면 축구경기에서 3m 이상 드리블 금지, 실수한 친구에게 격려하기 등이 있을 수 있다. 이런 활동을 통해 준법정신과 친구를 배려하는 인성교육이 가능하다.

▶한마음 노래방 – TV에서 볼 수 있는 노래 이어 부르기를 친구들과 함께 팀을 자율적으로 구성해서 대결을 펼치는 것이다. 재미와 인성이라는 교육 목표를 동시에 구현할 수 있는 활동이다.

▶꿈 너머 꿈 – 학교 교육에서는 꿈을 참으로 많이 강조한다. 그러나 꿈을 이루고 나서 어떻게 살아갈 것인가에 대해서는 이어지는 꿈이 없다. 그것이 꿈 너머 꿈이다. 학교 방송을 통해 자신의 꿈 너머 꿈을 발표하게 해서 배려와 봉사하는 인성을 기를 수 있을 것이다.

2) 가정과 연계한 교육활동을 실천한다.

인성교육은 학교와 가정과 지역사회가 함께 노력할 때 제대로 효과를 볼 수 있는 것이다. 학부모가 참여하고 지역사회가 함께하는 실천방안을 제시해 보고자 한다.

▶감사의 동전 모으기 – 이것은 감사하는 인성을 함양한다는 목표를 갖고 감사할 대상이 생길 때마다 저금통에 동전을 넣도록 하는 것인데, 학부모도 함께 참여할 수 있다. 저금통이 가득 차면 정해진 규정에 따라 보상을 한다. 어려운 이웃을 돕고 공동체 의식을 기르는 데 효과를 볼 수 있다.

▶가족 한마음 산행대회 – 요즘처럼 가정에서 아버지의 역할이 약해진 적은 아마도 없을 것이다. 가장이라는 말도 한참 낯설게만 느껴지는 것이 작금의 서글픈 현실이다. 가족이 함께 산을 오르면서 대화도 하고 자연을 관찰하면서 소통의 소중함, 자연의 소중함 그리고 이웃의 소중함도 몸으로 느낄 수 있을 것이다. 아버지들을 가족이라는 정의적 영역으로 끌어내는 데 아주 효과적이다.

▶한마음 축구대회 – 이것은 스포츠 리그에서 우승한 학생들과 학부모 대표들과의 축구 한 판 경기이다. 심판은 어머니회에서 보도록 한다. 이 활동은 학생들의 가슴에 평생 기억되는 소중한 체험이 될 것이며, 긍정적인 인성을 함양하는 데 매우 효과적이다.

4. 밥상머리 교육과 급식 교육

가. 밥상머리 교육

1) 밥상머리 교육의 정의

밥상머리라는 말은 식사를 하기 위해 차려놓은 밥상의 주변이나 그 언저리를 뜻하는 것으로 밥상머리 교육이란 가족이 함께 식사를 하기 위해 음식을 차려놓은 밥상에서 가족이 함께 식사를 하면서 이루어지는 교육이라고 할 수 있다.

밥상머리 교육의 내용이라고 한다면 좁은 의미로는 식사할 때 지켜야 할 예절이나 식사도구의 올바른 사용 방법, 음식을 먹는 바람직한 방법 등을 의미하지만, 넓은 의미로는 식사에 대한 바른 마음가짐을 의미하는 것으로 감사하는 마음과 배려하고 나누는 마음에 대한 교육을 의미한다고 하겠다.

2) 밥상머리 교육의 필요성

밥상머리 교육은 가족제도와 밀접한 관련이 있다. 우리나라는 예로부터 보통 3대가 한 집에서 함께 생활하는 대가족제도를 유지하고 살아왔으며, 이러한 가족제도가 자연스럽게 밥상머리 교육으로 이어질 수밖에 없었으며, 이러한 문화적 전통 덕분에 우리나라는 동방예의지국이라는 칭송을 들을 수 있었던 것이다.

전통적인 대가족제도에서의 밥상머리 교육은 식사예절은 물론, 삶의 지혜가 묻어나는 어른들의 경험을 통한 사회생활의 규범과 질서를 자연스럽게 배울 수가 있었으며, 자녀들은 어른에 대해 먼저 생각하고 공경하는 법을 배우고, 형제간에 서로 양보하고 배려하는 형제애를 기를 수가 있었던 것이다.

오늘날은 어떠한가? 이미 부부 중심으로 핵가족화된 지는 오래전 일이고, 자녀가 부모나 조부모와 함께 사는 가족도 거의 찾아볼 수 없게 된 것이 현실이다. 이러다 보니 밥상머리에서 교육이 이루어지기는커녕 대화도 거의 사라졌으며, 바쁜 직장 생활과 보편화되고 있는 워킹맘으로 인해 맞벌이 가정이 늘어나다 보니 초등학생의 16%와 중·고등학생의 48.5%는 가족이 함께 식사도 하지 못하는 매우 안타까운 현실이다.

나. 급식 교육

1) 학교급식의 개념과 목적

학교급식이란 학교에서 일정한 지도 목표를 설정하여 계획적으로 실시하는 단체급식으로 성장기 학생들에게 필요한 영양을 공급해 주고 몸과 마음을 건강하게 발달시켜 편식을 교정하는 등 올바른 식생활을 하도록 도와주며, 서로 협동하고 질서를 지키며 맡은 바 자신의 책임을 다하는 공동체 의식을 함양하는 데 목적이 있다고 하겠다.

2) 학교급식의 문제점

학창 시절은 급격한 신체의 성장기로서 신체 변화에 따른 영양 관리가 그 무엇보다도 매우 중요한 시기이다. 하지만 현실은 바람직한 학교급식이 이루어지지 못하고 있다. 일부 잘못된 식품정보나 쉽게 접할 수 있는 패스트푸드에 의해서 비만 같은 영양 과잉의 문제점과 무조건 날씬하고 보자는 잘못된 생각으로 영양 부족으로 인한 문제점이 심각한 상황이다. 최근의 음식 관련 연구 결과에 따르면 섭취하는 신체의 건강뿐 아니라 인성과 정서에 미치는 영양이 매우 크다는 사실을 알 수 있는데 가족과 함께 집에서 집밥을 먹지 못하고 햄버거, 피자, 통닭 등 패스트푸드를 자주 먹는 아이들은 주의집중력이 떨어지고 산만하게 행동하며, 다른 아이들과 잘 어울리지 못하는 등 이상 행동을 보이는 경우가 많다고 문제를 제기하고 있다.

따라서 학교급식은 건강이나 학업뿐만 아니라 인성까지도 고려하여 체계적으로 이루어져야 할 것이다.

다. 인성에 미치는 영양

1) 밥상머리 교육이 인성에 미치는 영양

인성교육은 단기간에 단편적으로 지도해서 되는 것이 아니기 때문에 오랜 기간 지속적으로 다양하게 이루어져야 한다. 따라서 가정에서 가족이 함께 식사를 하면서 주고받는 대화 시간을 지속적으로 확보한다면 이를 통해서 서로를 이해하고 존중하게 될 것이며, 이러한 시간과 활동이 계속된다고 하면 인성은 자연스럽게 함양될 것이다.

밥상머리 교육에서 중요한 것은 대화의 기법과 대화의 내용이다. 가부장적인 전통문화 속에서 오랜 세월 살아온 우리나라의 아빠들은 대부분 대화에 많이 서툴다. 어쩌다 가족과 대화를 한다고 해도 교육적인 소양이 부족함으로 인해 자녀를 야단치거나 훈계하는 것이 대부분이다. 그러면 아이들은 더욱더 입을 다물고 만다. 식사를 같이하면서 가족 간에 함께하는 시간이 많아지면 자연스럽게 대화의 시간도 늘어나게 될 수밖에 없다. 대화의 주제도 그날 있었던 자녀의 학교생활은 물론 식생활 예절이나 급식과 관련된 영양에 대해서 또, 사회적인 이슈 등 다양하게 대화를 할 수 있을 것이다. 이와 같이 가족 간의 대화의 시간이 늘어나면서 서로 이해의 폭이 넓어지면서 유대감을 형성하게 되는 것이다.

또한 대화는 소통이어야 한다. 소통은 대화하는 상대방과 눈높이가 같아야 한다. 같은 수준에서 생각하고 말할 때 대화는 이어지는 것이다. 이런 대화와 소통이라야 밥상머리교육을 통한 인성교육은 효과가 있을 것이고 자녀에게 기대하는 바람직한 인성도 기를 수 있을 것이다. 가족과 함께하는 규칙적인 식사는 신체의 건강과 편안함을 제공함으로써 정서적으로 안정감을 주기 때문에 인성교육의 장으로서 밥상머리보다 좋은 공간은 없다고 할 것이다.

밥상머리 교육을 통해서 가족 간에 서로 상대방을 인정하고 존중하는 중요한 인성을 함양하게 되는 것이다.

2) 학교급식이 인성에 미치는 영양

식사를 준비하는 과정을 보면 음식만 준비하는 것은 아니다. 식사자리와 식사에서 사용하게 되는 도구 등을 준비해야 한다. 가정에서는 전통적으로 이런 모든 것을 주부 즉, 어머니가 대부분 담당해 왔다. 성에 따라 하는 일과 역할이 구분이 되어 있었던 것이다. 그러나 요즈음에는 가족 구성원으로서 하는 일과 역할을 서로 분단하고 나누어서 해야 한다. 이 과정에서 스스로 자기 일을 찾아서 하는 자주성과 봉사성이라고 하는 소중한 인성을 함양할 수 있는 것이다.

학교급식에서도 마찬가지이다. 급식 당번을 정해서 각자가 맡은 역할에 따라 식사준비를 해야 한다. 이러한 활동을 통해서 책임감은 물론, 함께 살아가는 공동체 삶의 지혜를 배우고 사회성을 키우며 바람직한 인성을 함양하게 되는 것이다.

또한, 식사 시간은 즐거워야 한다. 함께 비벼 먹는 활동을 하면 아이들은 신이 나서 참여하게 되며, 편식하는 아이들의 잘못된 식생활 습관을 고칠 수도 있다.

식사 그 자체가 인성은 아니지만 식사 시간을 잘 활용한다면 바람직한 인성을 기르는 데 학교급식은 매우 효과적인 방안이 될 것이다.

김 칠 주

육사 38기(대령 예편)

국민대 정치학 박사 수료

한국 국방연구원 위촉연구원

한국국가전략연구원 연구위원

(전) 육군 지상전연구소 전법팀장, 부소장

(전) 야전군 작전과장, 계획편성과장, 작전차장

(전) 합참 공통전력기획담당, 비서실 정책계획담당

(전) 기계화보병사단 대대장, 작전참모, 여단장

고려대 명강사 최고위과정 수료, 제4기 학생장 · 원우회장

명강사 명강의 1급 자격, 인성지도사 1급 자격

한자 1급, 컴퓨터활용능력 2급, 태권도 5단, 행정사

육군대학 · 합동참모대학 수료, 미 메릴랜드대학 연수

번역: 강대국의 선택, 군 혁명과 군사혁신의 다이내믹스

논문: 융합지상작전과 지상전력 발전방향 등 다수

보국훈장 삼일장, 대통령표창/상장, 국방장관 표창, 미 공로훈장 등

이메일: kimcj6438@hanmail.net

연락처: 010-5672-2910

부국강병으로 가는 길, 국민안보의식 혁신

왜 이 글을 쓰는가?

오늘날 대한민국은 오천 년 역사 이래 가장 부유한 상태로 발전하였다. 2006년에 국민소득 2만 달러를 달성하였고, 2050년에 세계 2위 강대국이 된다는 등 장밋빛 전망도 있다. 그러나 국민소득 2만 달러를 달성한 지 10년이 지났지만 3만 달러 벽을 넘지 못하고 있다. OECD 국가가 2만 달러에서 4만 달러로 가는 데 평균 13년이 소요되었고 한국은 17.6년으로 예상되지만 현재로서는 이것도 비관적이다. 이제 문제가 무엇인지 분석하고 앞으로 나가야 할 때이다.

나폴레옹은 정신력이 물리력보다 세 배의 힘을 발휘한다고 했다. 곧, 선진국으로 가기 위해서는 정신자세가 중요하다고 해석하고 싶다. 지금까지 우리가 해온 **빨리빨리**, 새마을 정신으로 2만 달러까지는 이뤄냈지만 앞으로는 새로운 패러다임이 절실하다. 이에 필자는 이를 국민 DNA 혁신, 이를 바탕으로 안보의식을 제고하는 것이 그 방법이라고 제안한다. 본고에서는 역사상 강대국은 어떻게 대처해왔으며, 한국 역사상 국력이 강했을 때와 약했을 때의 상무정신과 안보의식은 과연 어떠했고, 현 안보의식은 어떠한가를 알아보면서 향후 우리가 어떻게 해야 할 것인가에 대해 함께 생각해보는 시간을 갖고자 한다.

시골에서 태어나 군인이 되어
38년 군 복무 후 전역, 통일 강국을 위해 노력하기로

필자는 경기도의 한 농촌에서 농부이자 한학자이시며 초·중·고교 육성회장 등 지역 유지의 아들로 출생, 고향에서 초등학교와 중학교를 마치고 수원에서 고등학교를 졸업 후, 육군사관학교에 입학하여 임관후 육군 대위 시에는 동기회장 등을 역임하며 사명감과 주인의식으로 군 생활을 하였다.

1982년 보병소위로 임관하여 전후방 각지에서 23개의 직책, 13개 과정의 각종 교육, 23번의 이사, 보국훈장, 대통령 표창·상장 등 55회를 수상했으며, 38년간의 군 생활 후 전역하였다. 지휘관 시절에는 "선승구전先勝求戰, 이겨놓고 싸운다."를 모토로 지금 당장 전투에 투입하여도 압승하는 부대로 육성하기 위해 목적과 본질에 충실하게 부대를 지휘하여 큰 사고 없이 상급부대 검열과 수

검의 대다수를 수검하였고, 각종 쌍방 전술훈련에서 한 번도 패배한 적이 없을 정도로 전투지향적으로 부대를 지휘하였다.

한편, "상하동욕자승上下同欲者勝, 상하가 하고자 하는 마음이 같으면 이긴다."를 위해 부대 간부와 병사들을 대상으로 간부교육과 정신교육, 안보교육을 직접 해왔으며 여단장 시절 1년간에 43번의 간부교육 자료를 직접 만들어 교육하기도 하였다. 특히 초·중·고, 직장인, 구청직원, 구청 통합방위협의회원을 상대로 안보강의를 하여 호평을 받아왔기에 전역 후 첫 번째 일로 고려대 명강사 최고위과정에 입교하여 안보의식 제고를 통해 통일 대한민국의 달성, 통일 후 강대국으로 발전하는 데 강사로서 기여하기 위해 제2막 인생을 계획하고자 하였다.

왜 국민 DNA 혁신이며 안보의식인가?

왜 갑자기 국민 DNA 혁신이고 안보의식 제고인가 하고 의아해할 분들이 많을 것이다. 음속 제트기의 속도를 측정하는 단위인 '마하Mach'의 개념을 생각해보자. 항공기가 마하의 속도로 날기 위해서는 단순히 엔진의 출력만 높인다고 빨라지는 것이 아니라 그 속도에 따른 저항과 열을 견뎌낼 수 있는 구조와 재질을 갖춰야 하고 그를 위해서는 소재와 부품, 설계 등 광범위한 분

야의 혁신성이 필요하다는 점이다. 대한민국이 통일을 이룩하고 국민소득 4만 달러 이상의 선진국으로 가기 위해서는 국가 차원의 체질 개선이 필요하다고 할 수 있다.

위의 사진은 이스라엘 상무정신의 상징으로 이스라엘 신병 입대와 장교 임관 시 "다시는 마사다가 함락되게 하지 않는다!"라는 맹세를 하는 마사다 요새이다. 마사다(히브리어, 요새라는 뜻)는 이스라엘 남쪽, 유대사막 동쪽에 우뚝 솟은 거대한 바위 절벽에 자리 잡은 고대의 왕궁이자 요새이다. 서기 72~73년 제1차 유대-로마 전쟁 당시 15,000명의 로마군에 960명으로 끝까지 항거하던 유대인군이 로마군의 공격에 패배가 임박하자 포로가 되지 않기 위해 노파 2명과 어린이 5명만 남고 전원 옥쇄한 상무정신의 산 고장이다. 이러한 이스라엘은 현재 국민소득 3만 7천 달러에 4개국과 이웃하면서 나라를 꿋꿋하게 지켜나가고 있다.

반면, 가까운 월남의 경우를 보자. 1973년 1월 월맹과 휴전협정이 체결되어 미군을 비롯한 연합군이 철수하자 사이공에는 100여 개의 위장 애국단체, 통일단체들이 수십 개의 언론사를 설립하고 월남 좌경화 공작에 앞장섰다. 1975년 월남은 월맹 정규군의 무력침공과 베트콩의 게릴라전에 패배한 것 이상으로 이들 100여 개 좌익 단체의 선전전宣傳戰에 속수무책으로 당했다. 바라던 공산 통일이 이뤄지자마자 그동안 반체제 운동을 벌였던 종교인, 학생 등 속칭 민주 인사들 거의 대부분이 도리어 월맹군에게 체포되어 900여만 명에 이르는 사람들이 살해당했다. 이들은 현재 인구

9,100여만 명, 국민소득 3,600달러, 세계 130위의 빈곤에 시달리고 있다. 이 두 사례의 비교를 통해 안보의식, 상무정신이 국가발전에 얼마나 중요한지를 이해할 수 있을 것이다.

역사상 강국은 어떠했나? 세계를 호령하는 강대국의 패러다임

한때 중국인을 설레게 했던 프로그램이 있다. 중국 국영 CCTV 방송이 3년에 걸쳐 준비한 역사 대작으로 2006년 1월에 12부작으로 방영하여 중국 전체를 뜨겁게 달군 '대국은 어떻게 일어섰는가'라는 의미의 〈대국굴기〉가 그것이다. 여기에서 15세기 이후 세계를 호령했던 9개 대국의 발흥과 패망의 역사를 돌아보며, 이들이 당시 세계적 대국으로 성장할 수 있었던 비결을 분석하면서 중국이 나아갈 길을 제시하고 있다.

여기에서는 15~16세기 유럽에서 가장 먼저 탄생한 두 민족국가 포르투갈과 스페인의 해양시대를 연 단결력 이야기, 습지의 작은 나라 네덜란드가 17세기 세계 경제의 중심으로 우뚝 서게 된 창의적 사고의 비결도 찾아본다. 한편, 아시아의 섬나라 일본이 어떻게 아시아 최강을 넘어 서방과 어깨를 나란히 하는 강대국으로 발전했는지를 탐구한다. 또한 독립선언 이후 100여 년 만에 세계 제1의 경제대국으로 성장한 미국의 모습을 살피고, 미국이 경제, 정치적 위기를 이겨내고 20세기 세계최강국으로 부상한 배경을 분석한다.

이와 같이 500여 년 동안의 각 세계 강대국 발전과정을 돌이켜

보면, 대국굴기의 핵심적인 요소는 자국 국정에 맞는 정치경제 제도 건설, 단순히 타국의 길을 모방하는 것이 아닌 자국의 상황에 맞는 정책 도입, 과학과 교육 중시, 국가역량 주도하에 새로운 체제로의 빠른 전환을 통한 현대화 진전의 가속화 등이다. 이러한 비약적인 발전의 배경에는 지도자 중심의 단결력, 이를 뒷받침하는 국민들의 상무정신, 강력한 군사적 뒷받침이 있었고, 새로움을 추구하는 창의적인 정신문화가 중요함을 제시하고 있다.

한국 역사상 강대국 및 국력이 피폐했을 때의 상무정신 비교

한국 역사상 국력이 강성했던 시절은 온 국민이 상무정신으로 무장했던 고구려이다. "고구려인들은 남녀가 결혼하면 먼저 자신이 죽을 때 입을 수의를 준비한다."라고 중국의 역사서 『위지동이전』은 전하고 있다. 잦은 이민족의 침략에 나라를 지키기 위해 싸우다 의연하게 죽을 각오가 항시 돼 있는 것이 고구려인의 상무정신이다. 상무정신이란 자신과 가족, 나아가 조국을 스스로의 힘으로 지키겠다는 자위정신이다. 광개토대왕 시대에는 인구 300만에서 상비군이 30만이었다. 이것이 기초가 되어 고구려인들은 수나라 100만 대군을 살수대첩으로 궤멸했으며 당 태종의 30만 대군을 안시성에서 물리쳤다. 세계사의 흐름을 바꾼 엄청난 일이었다.

한편, 광활한 영토를 점령하여 세계를 정복했던 몽골제국에 대항하여 7차에 걸친 몽고군에 대항하여 끝까지 버틴 고려의 강한 호국정신과 1270년 6월 삼별초 해산령에 불만을 가진 삼별초 장병들이 개경 환도를 거부하고 여원연합군麗元聯合軍에 대해 펼쳤던 3년간의 항쟁이 상무정신의 발로이다.

반대로 국력이 약했을 때의 안보의식은 어떠했는가? 조선 개국 이래 200년간 평화가 지속되어 국방이 소홀해지자 이를 경계한 병조판서 이율곡이 10만 양병설을 제기하자 오히려 민심을 어지럽힌다며 파직당하여 화병으로 죽기까지 했다. 결국 1592년에 임진왜란이 발발하자 20일 만에 수도 한양이 함락되고 7년여의 전쟁에서 조선 인구의 1/3이 죽거나 다쳤다.

병자호란으로 단 두 달 만에 한양과 남한산성이 함락되고 삼전도에서 임금이 삼배구고두례三拜九叩頭禮, 세 번 절하고 아홉 번 머리를 조아림의 예로 항복하고 노예로 청에 끌려간 조선의 딸과 며느리가 50여만 명이었으며, 인질로 간 소현세자를 온돌방에 재워 달라고 인조가 부탁할 정도였으니 다른 인질들의 삶은 어떠했겠는가?

대한제국 시에는 민비가 시해되고 군대가 해산당하고 한일합병으로 한민족 역사상 최초로 민족 정통성과 역사가 단절되는 고통이 있었다. 꽃다운 조선의 처녀 20여만 명이 강제로 일본군 위안부로 끌려갔다. 대한민국 초기에는 어떠했는가? 6·25 전쟁으로 3일 만에 서울이 함락되고 3년여 전쟁기간에 남한 전체 인구의 1/6인 520만이 사상死傷당하였다.

이처럼 역사를 통하여 볼 때, 문무文武를 중시해 국방에 충실하고 국제정세에 유연하게 대처하면 역사의 주인공이 되어 내 나라, 내 가족의 생존권을 보장할 수 있었다. 이와 반대로 무武를 경시해 국방에 소홀하고 국제정세에 민감하게 대응하지 못하면 외부로부터 침략을 당해 국민이 이루 말할 수 없는 고통과 치욕을 당하고 결국 국가 생존이 위협받는 강자의 희생양이 된다는 사실을 잊어서는 안 된다.

현재의 우리의 안보의식은?

6·25 전쟁 시 참전한 미 장군의 아들이 142명인데 그중에 사상자가 35명이나 발생했다는 사실을 알 필요가 있다. 미8군 사령관 워커 중장은 전선에서 한국군 운전병의 과실로 교통사고로 사망하였고, 후임자 밴 플리트 미8군 사령관은 공군 중위인 아들이 북한지역에서 공습임무 중 실종되자 구출하기 위한 수색작전이 위험하다고 중단을 명하기도 하였다. 미 24사단장 딘 소장은 한국 농민의 밀고로 포로가 되어 3년간 북한군의 혹독한 고문에 시달리다 석방된 뒤, 자신을 밀고한 죄로 구속되어 있던 두 농민을 석방해달라고 탄원하는 포용력까지 보여줬다.

이에 반해 우리의 안보의식을 보여주는 사례가 있다. 3천만 원대 8억 2천만 원 보상이 그것이다. 2002년 제2연평해전 전사자 46명의 보상금이 개인별 보수 월액의 36배로 3천만 원에서 5천만 원을 보상하였다. 그러나 2014년에 발생한 교통사고인 세월호 사건 고교생 사망자에게는 8억 2천만 원을 보상한다고 한다. 2013년 천안함 폭침 시 사망한 46명의 부모 중에 소위 고관대작이 한 명도 없었다는 사실은 무엇을 말하는가?

　그러면 시간이 지날수록 좋아지고 있을까? 지난 4월에 실시된 20대 국회의원 후보 944명 가운데 40.6%인 383명이 전과자이고, 비례대표 후보 중 남성으로 병역 면제를 받은 후보는 22.3%로 19대 때보다 오히려 높은 증가율을 보이고 있다. 이는 갈수록 안보의식이 해이해진다는 것을 반증하는 것이다.

어떻게 해야 할 것인가?

강대국에 둘러싸인 지정학적 위치로 조선시대부터 사대교린事大交隣으로 대처해왔기에 우리의 뇌리에는 상무정신에 기초한 강력한 군사력보다는 동맹, 외교로 쉽게 대응하려는 의식이 있다. 지금까지 빨리빨리 특성, 새마을정신으로 현재 2만 달러까지는 잘 이루어왔으나 향후 남북통일을 이룩하고 세계 일류 강대국으로 나아가기 위해서는 마하 경영과 같은 혁신적인 노력이 필요하다. 필자는 이것을 근본적인 국민 DNA의 혁신, 즉 안보의식의 혁신이라고 말하고 싶다. 중국이 대국굴기를 방영하면서 국민의지를 결집시켰듯이 우리도 국가차원의 획기적인 노력이 필요한 시점이다.

프러시아의 칼 본 클라우제비츠는 전쟁에서 승리하기 위해 정치지도자, 국민, 군대의 삼위일체의 노력이 필요하다고 강조한 바 있다. 우선 정치지도자는 고매한 인격Be, 역사적 사명감을 바탕으로 하는 국가발전에 대한 통찰력Know, 어려운 일을 현장에서 대화와 타협으로 극복하고 헌신하는 솔선수범Do 자세가 필요하다. 국민은 정치지도자가 제시하는 비전을 이해하고 지도자 중심으로 굳게 단결하여 가정에서부터 자녀교육에 관심을 갖고, 입시와 취업 위주의 인스턴트 교육에서 벗어나 본질을 중시하는 교육개혁을 통해 제2의 건국을 하고 노블레스 오블리제Noblesse Oblige 정신을 고양하는 등의 국가 개조 노력에 동참해야 한다. 군대는 군 본연의 임무를 망각한 각종 비리로부터 벗어나 신뢰를 회복해야 하며, 북한군을 압도하고 주변국의 미래 잠재위협에 대처할 수 있는 강군을 육성하는 데 혼신의 노력을 다해야 한다.

즉, '새마을 정신'에서 본질을 추구하는 '새마음 정신'으로 발상 전환이 필요하고, 입시·취업위주 교육에서 인성교육, 역사교육, 상무정신, 창의력 개발 교육으로 국가는 발전되고 개인은 행복한 대한민국을 만들기 위해 정치지도자, 국민, 군대의 삼위일체 노력이 절실한 때이다.

결론

지금까지 세계역사와 한국역사를 통해 안보의식, 상무정신의 중요성을 알아보았다. 역사를 제대로 알고 문무를 중시해 국방에 충실하면 역사의 주인공이 될 수 있었고, 국민의 안보의식이 무너지면 역사의 희생양이 되어 무고한 국민들의 엄청난 희생이 따랐음을 이해하였다.

6·25 전쟁 이후 "대한민국에서 민주주의 꽃이 피려면 100년은 걸려야 할 것이다."라고 회의적으로 본 맥아더 장군의 말을 비웃기라도 하듯이 한국 국민들은 한강의 기적을 이루고 오늘날의 발전을 이룩했다. 그러나 현재의 국민소득 2만 달러에서 향후 3만, 4만 달러 시대로 더욱 발전되고 행복한 대한민국으로 만들기 위해서는 정치지도자, 국민, 군대가 삼위일체가 되어 제2의 건국정신으로 지금까지 빨리빨리의 새마을 운동에서 본질을 중시하는 새마음 운동으로 패러다임을 전환하여 혁신적인 노력을 해야 달성될 수 있을 것이다. 이와 같이 국민 DNA의 혁신을 이룩하고 더 나아가 안보의식을 강화해 나간다면 남북통일을 달성하고 통일 후 세계 일

류 강대국으로 우뚝 서는 날이 보다 더 빨리 올 수 있을 것이다.

이는 지금까지 짧은 기간에 대한민국을 원조받는 나라에서 원조하는 나라로 발전시킨 할아버지와 아버지 세대의 피나는 노력에 보답하고 후손들에게 더욱 영광스러운 대한민국을 물려주기 위해 지금 우리가 초심으로 돌아가 실천해야 할 역사적인 임무이다. 앞으로 고려대 명강사 최고위과정에서 갈고 닦은 실력을 기초로 이를 달성하기 위해 노력해 나가고자 한다.

양 승 일

이미지메이킹 전문강사(1급)

서비스경영(SMAT) 컨설턴트(1급)

한국생산성본부 서비스경영(SMAT) 공인강사

고려대 명강사 최고위과정 4기 수료

백석대학교 교육대학원 평생교육과정 수료

원광디지털대 얼굴경영학과 수료

2015년 서울시공무원 퇴직(과 · 동장 역임)

현) 이끌림 참매력개발연구소장

이메일: ysil2700@daum.net

연락처: 010-9054-9514

당신의
참 매력을 찾아 발산하라!

퇴직 이후의 삶에 대해 고민하다

20대 중반에 멋모르고 입문한 공직생활, 처음에는 공무원이 마음에 안 들어 조금만 하고 새로운 나의 길을 찾겠다고 시작하였지만, 나의 인생 2막에서는 첫 직장이 마지막 직장이 되어버렸다. 모두들 인생 2막을 퇴직 이후의 생활이라 생각하겠지만, 나는 인생 1막을 태어나서 학업기간인 대학생활까지로, 인생 2막은 직장생활과 가정을 꾸려 자녀를 양육하는 시기까지로, 인생 3막은 퇴직 이후인 60대 이후의 삶이라고 말하고 싶다. 남들은 퇴직 후를 인생 2막이라고 하지만 나는 인생 3막이라고 항상 표현한다.

나의 초창기 공직 생활은 20대 중반의 피 끓는 청춘이었지만, 한 해 한 해 지내다 보니 결혼도 하였고, 자녀도 태어나고 하면서 처음에는 마음에 안 드는 공직생활을 조금만 하고 다른 직업을 찾겠다는 생각이 나도 모르게 사라져 버렸다. 그 시절 베이비부머 세대인 나 자신이 부모 봉양, 가족 부양이란 의무감이 가득한 시절, 새마을운동, 경제개발 5개년 계획이 진행되는 시기를 보냈다. 그러다가 어쩌다 보니 내 나이 50대 중반에 접어든 이후, 문득 나는 퇴직 이후에 대하여 곰곰이 생각하게 되었고, 과연 무엇을 하고 여생을 보낼까 하는 생각에 다다르면서 평생 동안 건강이 허락하면 할 수 있는 직업을 가져야겠다는 생각이 들었다.

그때, 제일 처음 관심을 갖게 된 것이 사람들의 인상에 대한 관심이다. 처음 상대를 보았을 때 잘못 각인된 인상으로 인해 상대나 상사, 동료로부터 따돌림을 당하는 사례가 직장과 사회생활에서 많이 발생하고 있음을 본다. 비록 비호감이지만 어떻게 하면 대면하는 상대로부터 배척당하지 않는 이미지를 가질 수 있을까에 관심을 두기 시작하여 별도로 4년 동안 정규 사이버대학에서 관상과 심리, 상담에 관한 공부를 했다. 그러면서 사람들의 외적·내적·사회적 이미지를 어떻게 하면 개선할 수 있는가에 대한 연구를 하였다.

이러한 과정을 공부하면서 처음 만나는 상대를 보고 그 사람의 생각과 느낌을 전부 알 수 있게 되기를 바랐지만, 역시 조물주는 인간들에게 처음 만나는 상대의 마음을 100% 정확히 알 수 있는 능력을 부여해 주지 않았다. 천만다행이다. 만약에 상대의 의도나 생각을 서로가 정확히 알 수 있다면 생각만 해도 끔찍해진다. 아무리 사람들이 상대를 잘 간파한다 해도 70% 이상은 알 수 없다고 한다. 만약에 상대의 생각이나 의도를 100% 알 수 있다면 어떤 일들이 벌어질까? 그때부터 비극은 시작된다고 보면 될 것이다.

우리들은 하루를 살아가면서 많고 다양한 사람들을 접하게 되고, 그 속에서 인간관계를 형성해 나가게 된다. 이러한 과정에서 비록 호감을 주지 못하는 인상이라도 자기의 노력과 결실로 상대의 관심을 끄는 이미지로 개선한다면 그 사람의 인간관계는 보다 만족스러울 것이다.

우리나라 사람들은 왜 사주역학에 대한 관심이 높은가?

전국의 어느 곳에든 사주역학을 보는 철학관, 점집들이 존재하고 있다. 일례로 서울 같은 경우 미아리고개 주변에 자리 잡고 있는 많은 점집들이 모여 있다. 매년 신년이 된다든가, 개인적으로 어떤 중요한 사항을 결정한다든가, 하는 일이 잘 안 풀린다든가 할 때 주로 이곳을 이용하는 경우가 많다. 심심풀이로 매년 새해가 되면 너 나 할 것 없이 새해의 신수를 물어보고, 복채를 주면서 보고 있는 것이 우리 주위 사람들이 즐겨 하는 행동이다. 올해는 결혼한다든가, 자식이 잘된다든가, 올해는 삼재가 들었으니 어떤 것을 조심하라든가 등등 자신의 운명을 사주역학, 관상에 의존해 운명을 맡기려 하는 이들이 의외로 많다.

예전에 내가 결혼할 시절에는 남녀가 만나서 우선 생년월일, 띠 등을 보고 두 사람의 궁합을 맞춰보는 예가 많았는데, 왠지 이것에 의지해보려는 의식이 우리들 마음속 깊은 곳에 존재하나 보다. 비근한 예로 우리 가족은 나와 처, 딸 둘이 있는데 얼마 전 집사람도 둘째가 교제하는 청년의 사주와 딸의 사주를 이용해서 궁합이 맞는지를 어느 용하다는 철학관을 가서 보고 왔다는 것이다. 사주

풀이를 100% 믿지는 않지만 아주 피해야 할 것들에 대한 결과를 들은 입장에서는 지키려고 하는 것이 우리들의 마음인가 보다. 아마도 이것이 동양적 사고가 아닐까?

매력 있는 대인관계를 위한 감동 커뮤니케이션 활동

지금 생각해 보니 어렸을 땐 능력이 안 되고 한 가정의 책임자로 부모님과 가족을 부양하면서 살아가다 보니 나보다 어려운 이웃들에게 적극적으로 도움을 주지 못하고, 주위에 좀 더 능동적으로 베풀고 참여하지 못했다는 생각이 든다.

은퇴한 지금부터는 자주 이웃을 위해 봉사를 실천하면서 살아가고, 더불어 이웃과 함께하는 삶을 살아가고 싶다. 지난날 우리는 경험하지 않았던가? 명절이 돌아올 때면 나는 못 쓰더라도 떨어져 계신 부모님이나 친척 어르신께 용돈을 드리면 그렇게도 기분 좋았던 기억이 나지 않던가? 세상 모든 사람들이 살아가는 방식은 잘살든가 못살든가 하더라도 하루 세 끼를 먹고산다는 것은 음식의 종류와 질에서 차이가 있을지는 모르지만 부자나 일반인이나 다 똑같다.

몇 년 전 『죽기 전에 후회하는 25가지』(오츠슈이치 저자) 책이 베스트셀러가 된 적이 있다. 어느 호스피스 병동에서 삶의 마지막을 정리하는 모습을 담당의사, 간호사들이 인터뷰 형식으로 설문한 것이다. 그중에서 "좀 더 베풀걸."이 4번째로 후회하는 말이라고 한다. 죽으면 생전 모아둔 재물을 싸 가지고 갈 수도 없지 않은가? 그러므로 적당하게 살면서 내가 사는 이웃들과 더불어 함께하는 삶이야말로 삶의 만족도를 최고도로 높일 수 있는 것이다.

우리의 주위 사람들을 보면 어떤 일이 일어났을 때 "그래 잘될 거야!", "나는 할 수 있어!"라고 하는 긍정적인 사람들은 찾아보기 힘든 것 같다. 대부분 좌절하고 분노하고 자포자기하려는 부정적 사고를 가진 사람들이 많은 것 같다. 부정적 사고를 한다고 해서 그 일이 해결되었나? 아니다. 더 일이 꼬이고 심한 스트레스만 가중되어 육체적으로나 정신적으로나 황폐해질 뿐이다.

우린 이런 경험을 해본 적이 있을 것이다. 어떤 일이 벌어졌을 때 조바심한다고 해결되는 것이 아니고 시간이 지나다 보니 신기하게도 해결점이 나타났다는 경우를 말이다. 모든 문제에는 그 해결방안도 함께 존재한다. 당장 우리가 그 길을 모르기 때문에 더디 갈 뿐이지 결국에는 문제는 정리된다. 그렇다면 이렇게 생각하자. 우리들의 생활 속에서 발생하는 모든 일들이 잘될 거라고, 나는 할 수 있다고 말이다.

　우리는 누구나 일상적으로 반복된 생활을 해온다. 아침에 일어나서 어린이나 청소년들은 학교에 가고, 직장인들은 출근을 하고, 사회에서 은퇴한 사람들은 각자가 정해진 스케줄대로 하루를 시작한다. 이 과정에서 사람들은 필요에 따라 혹은 우연으로 만나서 대화를 한다. 그 과정에서 서로가 뜻이 맞는다든가, 생각을 같이 한다든가 할 경우에는 그 만남의 목적이 잘 풀릴 수도 있겠지만, 꼭 그렇지만은 않은 경우도 있다. 상대가 나의 의견과 다른 생각을 가지고 있어 의견의 합의를 이루지 못할 경우도 있고, 내 맘에 맞지 않는 반대 의견을 제시할 수도 있는 것이다.
　반대 의견으로 내가 받게 되는 스트레스도 있지만 내가 상대에게 주는 스트레스도 있다. 그동안 살아오면서 듣고 보고 느껴온 사람과 사람 사이의 관계는 왜 그리 복잡하고 오묘한지... 이것들은 모든 것이 내 위주로 생각하고 행동하다 보니 분란이 일어나는 것들이라고 생각한다. 사람들은 왜 좀 더 내가 먼저 다가가고 양보하지 못하는 것일까?

　지나고 보면 그 당시는 왜 그리도 모질게 상대에게 퍼부었을까 하는 생각들을 하게 되는 경우가 있다. 삶의 여유가 없어서 그럴까? 아니면 원시시대 생존본능의 욕구가 유전자로 남아 있어 사람과의 관계 속에서 갈등이 발생하는 것일까? 우리가 부딪치는 수많은 관계 속에서 어떤 것이 인간들에게 있어 최선의 관계기술일까

하는 생각을 간혹 해보게 된다. 그러면 무엇이 인간관계를 가장 잘 이끌어갈 수 있는 방법일까?

모든 일에는 완벽함이란 없다. 정답에 최선으로 가까워지는 것이 가장 좋은 해결책일 뿐이다. 인간은 남들과 교류 시 생존법칙의 유전자로 인해 상대와 겨루어 이기고자 하는 심리가 잠재돼 있다. 이것을 잠재우고 상대와 화합하고 평화롭게 관계를 이어가는 것이 최선의 방법이다. 상대와의 대화 시 의견이 맞지 않다고 해서 바로 반론을 제시하는 것이 아니라 상대의 의견을 귀 기울여 듣고 상대가 나를 신뢰하게 하는 것이 최선이다. 요즈음 세상 사람들은 잘못들을 상대의 탓으로 돌리려고 하는 경우가 많다. 하지만 돌아가신 김수환 추기경님이 하신 말씀처럼 상대와 가장 잘 융화할 수 있는 공감 소통법은 '내 탓이오'라는 것을 깨닫는 것이다.

나는 항상 반성한다. 지난날 자녀들과 왜 격의 없는 대화를 가져보지 못했나, 집사람(처)에게 좀 더 따뜻한 말 한마디 못 해주었나 하는 생각들이 주마등같이 지나간다. 그땐 왜 상대의 마음을 헤아리지 못하고 내 생각대로 상대의 가슴에 비수를 꽂는 말을 퍼부었던가 하는 것을 반성한다.

물론 내 나름의 변명도 있다. 내가 자랄 땐 먹고살기가 더 바쁠 때이고 열심히 일해서 자식들 공부시키는 것이 베이비부머 세대인 가장의 역할이었다고. 그러나 지금 돌이켜보면 '자녀나 집사람에게 좀 더 신경 쓰고 비수가 아닌 공감하는 예쁜 말과 상대의 마음을 헤아려줄걸', '내 이웃들에게도 모나지 않은 가시가 없는 말을 할걸', '잘되는 주위 사람을 배 아파하지 않을 걸' 하고 반성한다.

이제 당신만의 숨은 개성을 참 매력으로 찾아오자

사람들은 하루에도 수많은 사람들을 생활 속에서 만나고 관계들을 유지해 간다. 이때 처음 만나는 사람들을 보았을 때 우리는 상대에 대한 느낌 즉 첫인상을 순식간에 머릿속에서 판단한다. 서양인들은 2~5초, 동양인들은 5분 이내 상대에 대해 판단한다고 한다. 사람들은 호감, 비호감이라는 이미지를 이미 판단하고선 그 사람을 대할 땐 선입견을 갖고 상대를 보려 한다. 대부분의 사람들이 상대의 외모만 보고 그 사람의 전체를 판단하는 경우가 많은데, 이것이 대단히 위험한 결정이라는 것은 모두 공감할 것이다. 한 번 잘못 각인된 상대에 대한 좋지 않은 이미지가 긍정적인 이미지로 바뀌려면 몇 십 번의 노력이 있어야 한다는 사회심리학자들의 연구자료도 있다.

그래서 이왕이면 나의 부정적 이미지를 나만의 개성으로 가꾸어 상대편이 긍정적 이미지로 느낄 수 있게 하는 노력이 필요하다. 그러기 위해선 우선 비록 못생겼더라도 얼굴 표정을 웃는 얼굴형으로 바꾸도록 노력해야 한다. 간단한 방법으로 항상 거울을 보고 얼굴 근육을 스트레칭 하면서 웃는 연습과 입꼬리 올리는 연습을 해볼 수 있다. 그리고 대화 시 상대의 말을 귀 기울여 듣는 자세를 생활화하고 음성은 급하지 않고 차분하게 또박또박 표현하는 말솜씨를 지니도록 노력해야 한다.

물론 오랫동안 굳어져버린 나의 인상이 하루아침에 호감 가는 모습으로 단번에 바뀌어지지는 않겠지만 그래도 얼굴 표정을 바꾸는 노력을 꾸준히 해보자. 집에서 나가기 전에 거울 앞에서 '나는 오늘도 잘할 수 있다'는 긍정적 마인드를 되뇌어 보고, 가슴속에 간직하고 생활을 한다면 나의 못난 얼굴도 남들에게는 그 사람만의 개성으로 인식될 것이다.

내 얼굴은 나의 것이지만 실제 인상이 좋고 나쁜 건 상대방에 의해 결정된다. 남들이 볼 수 없고, 나만 알 수 있다면 인상이 좋고 나쁜 건 신경 쓸 일도 아니지만, 내 얼굴을 남이 평가하기 때문에 상대방을 위해서라도 좋은 인상을 갖도록 노력해야 한다. 그러기 위해서 제일 중요한 것이 내적 아름다움을 느낄 수 있도록 항상 착한 생각을 간직하고 실천하면서 자연스럽게 선善한 모습이 얼굴 표정에 배어나오도록 해야 한다. 명심하시라. 내 얼굴의 주인은 나지만, 내 얼굴에 대한 느낌이나 판단은 내가 아닌 상대방이 한다는 사실을 말이다.

매력이라는 단어의 의미를 찾아봤다. '왠지 이상하게 사람의 눈과 마음을 끄는 힘'을 매력이라고 풀이하고 있다. 이 말은 꼭 예쁜 사람만이 매력 있다고 하는 건 아니다. 외모가 예쁜 건 매력 조건의 일부분은 될지 모르나 매력이 곧 예쁨이라는 공식은 아니란 의미다. 단지 예쁜 사람들은 상대로부터 관심을 더 받게 되므로 매력적으로 보일 수는 있겠으나 영원할 수는 없는 일시적 착시 현상일 뿐이다.

그러므로 누구나 예쁘지 않더라도 자신의 내면 이미지를 가꾸면 매력 있게 보일 수 있다. 그러기 위해선 자기가 하는 분야에서 우뚝 설 정도의 전문가가 되도록 경력을 최대한 쌓고, 주위 사람들을 끌어안을 수 있는 바다와 같은 포용심으로 관계를 잘 이끌어 가는 소통 능력을 키워야겠다. 더욱 금상첨화는 예쁘지는 않더라도, 건강하면서 진솔하고 착한 얼굴의 인상이 되도록 노력해야겠다.

우리 속담에 "사촌이 땅을 사면 배가 아프다."라는 말이 있다. 한마디로 사람의 욕심을 단적으로 나타내주는 말이다. 누구든 주변에 있는 사람들이 나보다 잘되는 것에 대해서 부럽지 않은 사람들은 없다. 여기서 쇼펜하우어가 한 말이 생각난다. "어떤 사람이 높은 행복의 단계인지 아닌지는 그 사람의 정신적인 능력의 크기에 의해 좌우된다."라는 것이다. 즉 마음이 좁은 사람은 저급한 행복과 쾌락의 테두리를 벗어날 수 없는 반면 마음이 큰 사람은 아주 높은 수준의 행복을 즐길 수 있다는 의미이다.

그래서 정신수양이 일상화된 큰 종교단체의 성직자들은 물욕이 없는 것 같다. 누구나 욕심과 욕망은 내 안에 있지만 현재 내 주제를 파악하여 정직하게 살아가는 사람들은 작은 욕심도 행복으로 바뀐다. 또한 어떤 일이나 사건에 적당히 몰입하는 건 집착이 아니라 집중으로, 사회생활에서 꼭 필요하다. 반면 집착은 나 혼자 빠져들어가서 상대에게 스트레스를 주는 행위다.

나는 우리 집에서 딸들과 대화 시 남자친구 사귈 때 집착하는 사람과는 교제하지 말라고 주지시킨다. 사람이 집착하는 면이 크면

클수록 상대가 피곤해지므로 그 사람은 정신적인 면에서 문제가 있는 것으로 보인다. 그래서 매사에 집착하지 말고 집중하라고 말하고 싶다

인생 3막에는 이런 활동을 하고 싶다

지금 이 시기는 나를 아무도 구속하지 않는 시간이다. 이제부터는 정말 하고 싶은 거 하면서 인생 3막을 보내고자 한다. 어릴 적 순박하고 순수했던 시절에 하고 싶었던 소박한 꿈을 이제부터 펼쳐 보리라. 내 안에 잠재되어 있는 긍정 마인드까지도 모든 이들에게 전파하여 살기 좋은 세상이 되기를 기원한다.

비록 지금은 미약하지만 작은 힘이 나비 효과가 되어 세상의 모든 이들에게 행복과 사랑이 충만해지기를 기원한다. 그래서 사람과 사람 사이의 관계 속에 발생하는 온갖 문제들을 해소하는 진정한 참매력을 찾아주는 매력 전도사가 될 것이다. 36년간의 생생한

공직경험을 살려 후배들에게 좀 더 바른 길로 갈 수 있도록 안내하는 인생 가이드 역할도 해보고 싶다.

또한 100세 시대에 이웃들과 함께 웃고 울고 귀 기울이고 존중하며 사는 방법을 전파하고 싶다. 그래서 모두가 선善한 인생을 살아야 한다는 것을 캐치프레이즈로 하여, 앞으로 참매력 찾기 활동을 나의 강사생활의 제1주제로 하고자 한다. 제2주제는 그동안의 공직생활을 경험으로 공직자들이 가져야 하는 진정한 국가관, 공직자의 자세, 공직가치관에 대해 생생한 경험을 사례로 알려주는 것으로 하고자 한다. 제3주제는 나 자신이 베이비부머 1세대로서 현재 사회적 이슈가 되고 있는 베이비부머 세대들의 은퇴 이후 의미 있는 삶에 바른 이정표 역할을 제시해주는 것으로 하고자 한다.

강 병 두

남원용성고등학교 / 방송통신대학교 법학

서경(국제)대학교 경영대학원 경영학

고려대학교 경영전문대학원 경영학

서울대학교 경영대학EC전문가 과정

고려대학교 명강사 최고위과정

대신기획 경영 23년 / 주식트레이닝 33년

대한합기도 공인 2단

법학사, 경영학 석사 / 최면지도사, 임상최면사

명강사 1급, 인성지도사 1급

國民漢字(이름용한자) 편저, 1992

證券投資의 賣買戰略에 관한 實證的研究, 1994

명강사 25시, 공저(여유가 있는 삶, 자본주의의 꽃

주주가 되는 것), 2016

연락처: 010-6263-2171

이메일: 2632171@naver.com

여유가 있는 삶,
자본주의의 꽃은 주주가 되는 것

구름도 쉬어가는 풍악산과 봉황대와 젯봉

두메산골 아담한 네 가구가 살고 있는 서원(조선시대 서원)의 4~5
백 년 된 유실수를 보면서 정서적으로 풍성함을 느끼고 구름도 쉬
어가는 풍악산, 봉황대와 젯봉 그림 같은 산야에서 청소년 시절을
보냈다. 환경의 영향인지 끈질기게 하는 습관과 진취적인 사고로
빨리 끝내야 하는 성격으로 자랐다.

자전거로 이십 리 길에 있는 중·고교를 다녀야 했다. 고교 시절
에는 합기도 유단자가 되어 자신감을 얻는 데 많은 도움이 되었다.
82년도 육군 만기전역과 동시에 방송통신대학교 법학과에 입학하
여 5년 동안 밤낮으로 대학 도서관 생활을 하면서, 85년도 증권시
장 붐이 일기 전에 주식에 관한 관심으로 관련 서적을 탐독했다.

1986년 3저(저유가·저금리·저달러) 호기를 타고 트로이카 주(증권·금
융·건설)가 양적인 성장을 했다. 이때 부자가 되지는 않았지만, 주
식이라는 참맛을 알고 나서는 직장 생활을 하기에는 부담이 갔다.
주식연구를 체계적으로 하고 싶어 1992년 서경대학(국제대학) 경영
대학원에 들어가 증권투자 매매전략에 관한 연구 논문으로 석사학

위를 받고 전업 투자를 했으나 가정을 이끌고 가기에는 부담이 되어 1994년 졸업과 동시에 대신기획(디자인 기획)으로 사업을 시작해 차별화된 한복박스를 특화하여, 시장규모는 작지만 현재까지 과점으로 경영하고 있다.

사업을 하면서도 하루 24시간 중 10시간 이상은 글로벌 주식시장을 움직이는 거시·미시 경제에서 환경과 환율, 금리, 물가 등 주식에 관한 연구를 하면 할수록 부족함은 끝이 없었다. 수십 년 동안 사업 수익금을 넣기만 했지 제대로 찾아 써 본 적이 없었다.

대한민국은 1997년 11월 17일 IMF(국제통화기금)를 받아들여야 했다. 주식에 대해 연구를 더 하고 싶어 1998년 고려대학교 경영전문대학원 1년 연구과정에 다녔다. 해외파 교수님들의 열정과 커리큘럼 교육은 가일층으로 업그레이드upgrade가 되었으며, 훌륭하고 유능한 교우회 동기생과 선후배 간의 대인관계는 새로운 패러다임Paradigm이 되었다. 고대경영전문대학원교우회 제71회 간사장과 회장, 고대 경영전문대학원 총교우회 집행간사와 부회장, 현재는 지도위원, 고려대학교총교우회 상임이사 등 19년 동안 임원봉사를 하면서 많은 교훈을 얻었다. 이러한 대인관계에서 전문가와 문, 사, 철 인문학 융합 결과는 2013년부터 복기를 하게 되고 '여유가 있는 삶, 자본주의 꽃 주주가 되는 길'이라는 진리를 찾았다.

명강사 가는 길

'여유가 있는 삶, 자본주의의 꽃'은 주주가 되는 것이다. 한마디

로 수익을 많이 낸 재야 고수 전문가들은 밑도 끝도 없는 책을 보았다고 하는 것이다. 나 자신도 지식과 노하우를 축적하는 것은 끝이 없고 무한대라는 것을 알았다.

축적한 노하우know-how를 저서와 강연을 논리적으로 정리하고자 하는 찰나에 고려대 명강사 최고위과정을 알게 되었고 명강사가 되기 위한 전문지식을 갖고 계신 지도교수님들의 체계적인 이론과 실습 교육은 명강사로 가는 선구자의 길이 무엇인지 알게 해주었다. 특히 핵심역량인 '인문학으로 배우는 기획 노하우', '소셜 마케팅 및 채널별 활용전략', '스마트 폰을 활용한 모바일 PR 콘텐츠 직접 만들기', '창의적 유머교수법', '나를 감동시키는 강의' 등 1, 2, 3회 코칭 지도 교육으로 태산이 세 번이나 변한 것을 알게 되었고 주옥같은 강의 내용들은 인생 3막으로 가는 길을 업그레이드해 주어 자부심을 갖게 되었다.

지금까지 수많은 세미나와 아카데미에 참석한 노하우들이 체계적으로 정리되어 고대 명강사 최고위과정은 자랑스럽고 지워지지 않는 무한대 이정표가 되었다고 본다.

자본주의 주주, 근본을 알다

33년 동안 수많은 우여곡절이 있었음에도, 좋아하는 책은 무조건 구입하는 버릇과 주·야간 휴일은 물론 주제와 관계없이 세미나가 있는 날은 모든 것을 뒤로하고 알고자 하는 배움의 자세는 끝이 없었다.

세월이 흐르면서 자신만의 이론을 실천했을 때만 좋은 결과가 있었다는 것을 발견했지만 그것을 계속 실천하는 것도 어려웠다. 인간은 민감함에 비합리적으로 행동하는 것이 다반사라는 것도 알았다. 자본주의 주주 근본을 실천한 박○○ 대표는 ○○증권사 이사 친구에게 내 계좌를 보고 따라 해 보라고 했지만 해내지 못했다. 그것을 보며 자신만의 이론과 기준, 노하우가 있어야 한다는 것을 절실하게 깨달았다.

자본주의란 이윤 추구를 목적으로 하는 자본이 지배하는 경제체제를 말한다. 산업혁명 트렌드Trend는 글로벌화Global로 동조화되어 가고 있으나 선·후진국 간 산업 사이클은 다르다. 그러나 10년 내외로 진행하는 것이 특징이며 자본주의 무한대 경쟁은 산업 주기가 빨라지고 있다.

주식회사를 왜 자본주의의 꽃이라고 하는가? 주식회사 창립 때는 자본금이 적다 보니 기업이 성장하는 데 한계를 느끼게 된다. 이때 불특정 다수에게 기업을 공개해 새 주주들로부터 자금을 마련하는 것이다. 발행한 주식 비율만큼 기업소유권이 일반에게 분산되는 것이다. 소유권을 분산한 기업은 같은 산업이나 업계에서 인지도와 신용이 높아 무형자산이 더해지고 이자부담이 없는 탄탄한 자본금을 가지고 사업을 성장시킬 수 있다. 회사채 발행을 하거나 은행에서 돈 빌릴 필요가 없다.

기업의 소유권을 가진 주주는 첫째, 보유한 지분만큼 영향력과 책임을 갖고 회사 경영에 참여할 수 있다. 둘째, 배당을 받을 수 있다. 셋째, 주식은 등락을 하므로 저평가에 매수한다면 고평가에 매도(3일 후 결재 환금성 양호)하여 시세 차익을 낼 수 있다. 대신에 책임도 있는데, 만약 회사가 망하여 보유주식 가치가 폭락해 휴지가 되면 감수해야 한다. 다만 회사가 경영하다 진 빚이나 손실에 따른 변상 책임은 없다. 개인 기업이라면 개인 재산을 팔아서라도 갚아야 하지만 주식회사는 주식을 가지고 있는 만큼 유한 책임을 진다. 자본주의 꽃, 주식회사의 매력은 기업의 입장에서는 이자 없는 자본금과 주주의 입장에서는 유한 책임만 지는 데서 오는 것이 아닌가 싶다.

주주가 되는 길

등태소천登泰小天이란 태산에 오르면 천하가 작게 보인다는 말로, 큰 도리를 익힌 사람은 작은 사물에 연연하지 않는다는 뜻이다. 주식 격언에 숲을 먼저 보고 나무를 보라는 말이 있다. 경제학에서는 거시경제를 보고 미시경제를 분석하라는 것과 같다.

(1) 숲과 나무를 보는 방법

주주가 되기 위해 주식을 매매함에 있어 기술적 분석은 매매타이밍이 목적이고 기본적 분석은 종목발굴을 찾아 유기적 기능을 갖는 것이다.

① 기술적 분석(숲)

기술적 분석은 차트Chart 분석이라고도 하며 다음과 같이 요약할 수 있다. 주가변동은 수요와 공급에 따라 결정되며, 수요와 공급은 장단기 호·악재가 반드시 차트에 나타난다는 것으로 일정한 기간에 따라 추세와 다양한 모멘트Moment가 진행하는 것으로 공통점을 찾아 매매타이밍을 활용하는 것이다.

- 에너지가 들어가 있는 수급이 우선이다.
- 가격과 기간 조정이 끝나고 그랜빌Granville의 200일, 600일, 1,000일 장기 이동평균선 근처에서 진 바닥 확인되면 티핑포인트Tipping point 나온 후 공포가 있을 때가 매수할 기회다.
- 엘리어트Elliott 파동 2파, 4파에서 피라미딩pyramiding 전략으로 마지막 주주가 되는 것이다.

② 기본적 분석(나무)

기본적 분석은 현재 시장에서 거래되고 있는 주가가 회사 고유의 가치보다 현저하게 낮게 거래되고 있다면 그 주식을 매입하는 것이다. 시대적 사명감을 갖고 상장된 회사는 관심 대상에서 회사가치에 비해 저평가되어 있으면 매수하고 고평가되어 있어도 경쟁력이 있다면 주주로서 지속적으로 보유해야 할 것이다. 살아있는 전설 주식황태자 워렌 버핏Warren Buffett의 전형적인 가치투자 방법이다.

가치를 분석하는 데 다양한 것이 있으나 EPS(주당순이익), PER(주가수익률), BPS(주당순자산), PBR(주가자산비율), ROE(자기자본이익률)를 알아본다.

- EPS: Earning per share(주당순이익)란 당기순이익을 총 발행 주식 수로 나눈 수치를 말한다. EPS가 높아진다는 것은 발행 주식 수는 그대로 있고 분자인 순이익이 많아 EPS가 높아질 수록 기업가치가 상승한다는 것이다.

  * 주주가 되는 포인트: EPS가 높을수록 좋다.

- PER: Price earning ratio(주가수익비율)란 주가를 주당순이익 EPS으로 나눈 수치를 말하며, EPS를 알면 PER를 알 수 있다. PER은 주가가 고평가 저평가인지를 판단할 때 자주 활용하는 수치로, 현재의 주가를 주당순이익으로 나눈 것으로 주가가 주당순이익의 몇 배인가를 나타낸다.

  * 주주가 되는 포인트: PER이 낮을수록 좋다.

- BPS: Book-value per share(주당순자산)란 기업가치의 판단수치로 활용되며, 회사의 총자산에서 부채를 뺀 순자산을 발행 주식수로 나눈 수치를 주당순자산이라고 한다. EPS는 회사의 수익성을 말하고, BPS는 회사의 자산 가치를 말한다. 주당순자산은 주식 1주당 순자산이 얼마인지를 나타낸다. 순자산은

타인 자본(부채)을 빼고 남은 자기자본을 말하는 것으로 기업의 실질적인 재산을 의미한다.

- PBR: Price book-value ratio(주가자산비율)란 주가가 순자산에 비해 1주당 몇 배로 거래되고 있는지를 알 수 있다. PER이 수익성만으로 현재의 주가를 판단하는 기준이라면, PBR은 기업의 실제적인 자산을 비교해 현재의 주가를 판단하는 기준이다. PBR이 1이라면 주가와 기업의 청산가치가 같고, PBR이 1 미만이면 주가가 기업의 청산가치에도 미치지 못할 정도로 낮게 거래되고 있다는 것으로 저평가되어 있다고 볼 수 있다.

- ROE: Return on equity(자기자본이익률)란 연간순이익을 자기자본으로 나눈 백분율로 자본 대비 순이익 정도를 평가하는 수치이다. ROA(총자산이익률)란 기업이 총자산에서 당기순이익을 얼마나 올랐는지 가늠하는 수치이다. 기업이 자산을 얼마나 효율적으로 운영하였는지를 알 수 있다. ROE는 은행이자로 보고, 10 이상인 종목만 찾으면 된다.

(2) 탐욕과 공포

탐욕이란 지나치게 욕심이 많은 것이다. 공포란 두렵고 무서움이다. 탐욕과 공포를 극복하는 것은 부자로 가는 길이다. 탐욕은 자기 뜻에 맞는 사물에 애착을 갖고 만족할 줄 모르는 것으로 바닷물을 다 마셔도 부족하다는 것이다. 공포는 장차 고통이나 재앙 또는 재산상 큰 손실을 받을 것이라고 생각할 때 일어나는 정서적 반응이라 할 수 있다. 이는 곧 '감정' 조절능력의 문제다.

감정을 극복하는 목계지덕木鷄之德이라는 사자성어를 알아보기로 하자. 목계란 나무로 만든 닭이란 뜻으로 완전히 자신의 감정을 통제할 줄 아는 능력을 가진 사람, 나무로 만든 닭처럼 작은 일에 흔들림이 없다는 뜻이다.

목계는 첫째, 자신이 제일이라는 교만함을 버려야 한다. 둘째, 남의 소리에 위협과 민첩함에 반응해서는 안 된다. 셋째, 상대방에 대한 공격적인 눈초리를 버려야 한다. 낮은 자세와 겸손함으로 상대방의 행동에 대해서 함부로 움직이지 않는 모습이 손자병법에서 말하는 부동여산不動如山의 여유라고 본다.

산업 트렌드가 형성되면 업종에서 독과점 1등 기업에 주주가 되어 호황과 불황, 전쟁과 천재지변이 일어나도 탐욕과 공포를 역으로 볼 수 있는 지혜가 겸손함(낮은 자세)에서 온 여유, 주주로 가는 길이며 삶의 행복이 아닌가 싶다.

(3) 비중관리

비중이란 다른 것과 비교할 때 차지하는 비율을 말하는 것이다. 기회가 왔을 때 투자를 하는 것은 중요하나 그렇다고 전액 투자하는 것은 정도가 아니라고 보며 투자의 고수는 주주가 될 수 있는 최적의 자격으로 현금을 가지고 있을 수 있는 능력이라고 본다.

비중관리는 탐욕과 공포를 극복하는 방법 중 가장 중요시하는 전략이라고 볼 수 있다.

- 분산투자: 산업이나 업종에서 핵심역량(진입장벽이 높은 기술적 가치)을 갖고 차별화된 제품이 국내외적으로 독점 또는 1등 종목을 균형 있게 분산투자하여 확실한 주주로 혼을 같이한다는 투자 철학이 있어야 한다.
- 분산매수와 비중관리: 업종에서 아무리 좋은 회사라도 최악의 공포가 올 때마다 1%씩 분할 매수하고 시간의 가치를 투자하여 총 5%까지만 한다. 대주주와 동행하는 주주로서 꽃피고 열매가 맺을 때까지 기다리면 30% 아니, 1~20배 이상의 가치를 누릴 수 있는 것은 비중관리로서 균형이라고 본다.
- 현금비중: 투자의 고수는 현금을 가지고 있을 수 있는 능력이라고 보며, 총 투자 금액의 30%는 현금으로 가지고 있어야 한다. 탐욕이 앞서면 몰빵, 신용, 미수 등까지 사용하여 현금이 없고 불안과 공포로 시간을 보내는 투자는 투기로 보아야 하며 주주라고 보기는 힘들다.

주주는 비관에서 태어나 행복에서 사라진다

월가의 격언 중에 "주식시장은 비관 속에 태어나 공포와 탐욕(불안, 걱정)과 회의 속에 자라고, 낙관 속에 성숙하여 행복 속에 사라진다."라는 말이 있다. 물리학자 천재 뉴턴Isaac Newton은 "천체 별들의 움직임은 미세한 단위까지 측정할 수가 있으나 주식시장에서 인간들의 광기는 예상할 수가 없다."라고 했다. 결국 주식투자로 성공하지 못했으며, 투자의 어려움을 토로한 것이다.

그러나 위에서 언급한 내용을 낮은 자세로 정리를 하면 첫째, 수급이 있어야 한다. 둘째, 가격과 기간 조정이 끝나고 1,000일 선 돌파 후 조정하면서 진 바닥(1,000일 선 근처) 확인되면 비관에서 1차 매수를 한다. 셋째, 모든 선 위로 티핑포인트Tipping point가 나오고 조정 시 불안과 공포가 있을 때마다 2차, 3차, 분할 매수한다. 넷째, 기본적 분석으로 산업트렌드(시대적 사명을 갖고 태어남) 재무 분석 비중 관리를 철저히 한다는 것으로 정리할 수 있다.

매도 포인트는 이동평균선이 일정하게 벌어지고 호재(창사 이래 최대 실적)가 연속적으로 유혹하며 대량거래가 출현하는데 주가는 오르지 못할 때가 탐욕을 버리고 주주로서 이별하는 날이다. 자본주의 사회에서 미래 주주가 되는 길, 인류공영에 이바지할 최적에 주주가 될 회사는 아직 상장되지 않았고 현존하는 회사도 주주가 될 최적의 타이밍은 계속 진행 중이다.

인생 3막 가는 길은

유구한 역사와 전통을 자랑하는 고려대 명강사 최고위과정을 수료하면서 명강사 1급, 인성지도사 1급을 취득하였다. 특히 과정 중에서 "여유가 있는 삶은 자본주의의 꽃, 주주가 되는 것이다."라는 명제를 갖고 체계적이고 논리적인 명강사의 길을 가게 되었다.

이를 계기로 모든 국민들이 자본주의 경제행위를 '나는 자랑스럽고 ○○회사의 주주(주인)'라고 할 수 있는 선진 자본주의 흐름을 선도하고 싶다. 내일(미래)의 전략은 현재 글로벌 시장에서 일어나는 이슈Issue를 주제로 전문서적 또는 문·사·철 교재 선정 후 브레인스토밍Brainstorming으로 항구적인 차별화를 통해 진입장벽이 높은 핵심역량을 창조하여 가일층하고자 한다.

신 현 기

삼부토건, 우성건설, 태영건설 18년 근무

㈜야후종합건축사사무소 운영 / 솔로몬건설분쟁연구소 운영 / 솔로

몬부동산컨설팅 운영

국민대 경영학 석사 / 한양대 건축공학 석사 / 광운대 건설법무학 석

사 / 건국대 대학원 부동산 박사과정 수료 / 광운대 대학원 법학박사

명강의 명강사 1급 자격 / 인성지도사 1급 자격

대한상사중재원 과정 / 대한건축학회 AAL 과정

건축사 / 건축시공기술사

논문 경제지표 및 경영지표의 분석에 의한 주가예측

탄소섬유시트로 보강한 R/C보의 전단내력

증진효과에 관한 연구 / 건설 분쟁에 있어서 공동주택 하자보수비

감정에 관한 연구 / 건설공사대금 보증제도 개선방안 연구

연락처: 010-3003-3190

이메일: yahoo2222@hanmail.net

왕초보도
집짓기 전문가 될 수 있다

시작부터 안 헤매고 살면서 후회 없는 내 집짓기 프로젝트(류명)

책을 쓴다는 것은 나의 지식을 다른 사람에게 전달하기 위해서 쓴다고 볼 수 있다. 저자가 어떤 목적으로 글을 쓰느냐에 따라 제목이 동일할 수도 있지만 미치는 영향은 각기 다를 수 있다.

본 책은 저자의 건설회사의 18년 경험에 의해 건축시공 분야의 최상위 자격증인 건축시공기술사와 건축설계분야 최상위 자격증인 건축사 자격을 취득하고, 건축설계사무소 17년 경험에 의해 건설분쟁에 관한 업무를 하며 틈틈이 공부해서 결코 쉽지 않은 법학박사 학위를 받고, 건국대학교에서 부동산학 박사수료 중 책을 쓰는 것으로 아무것도 모르는 왕초도 건축주가 집을 지을 때 가장 싸고 좋은 집을 합리적인 방법으로 건설분쟁이 발생되지 않으면서 집을 짓기 위한 목적으로 책을 작성하였기에 바라보는 시선에 따라 달리 생각될 수 있음을 양해 바랍니다.

집짓기 3대 요소(① 설계, 시공, ② 계약도서, ③ 보증보험)

(1) 토지 구매를 잘하는 방법

집을 짓기 위해서는 토지 구매부터 해야 한다. 토지를 처음부터 소유하고 있는 분도 있지만, 땅을 구입해서 집을 지으려고 하는 사람도 있다.

집을 지을 때 처음부터 해야 할 사항은 토지를 구매하기 위해 공인중개사사무소를 찾아간다. 공인중개사로부터 매매물건을 소개받고 토지주와 가격 흥정을 하여 적정한 선에서 구입을 한다.

이때 토지의 적정가치는 공인중개사와 토지주도 가격에 대해서 주장을 할 수 있지만, 구입하려고 하는 매수자는 먼저 토지를 구입할 경우 어떠한 건물을 지으려고 하는지부터 결정하여야 한다. 단독주택, 다세대주택, 다가구주택, 상가주택 등 여러 가지 건물의 형태가 있다.

보통 단독주택을 지을 경우에는 전원주택을 떠올릴 수가 있다 수도권 인근에 토지를 100여 평 구입 후 주택을 지을 경우에는 사업성에 큰 무리가 없으나 서울에 다세대, 다가구, 상가주택을 지을 경우에는 사업성부터 따져 봐야 한다. 토지가격과 건물을 어느 정도 지을 수 있는지 확인해야 하나, 공인중개사는 이러한 사정을 알지 못하고 인근 건물 수준을 얘기할 정도뿐이다.

토지 구매 시 바로 땅을 계약하지 말고 빨리 건축사 전문가를 찾아서 해당 주소지에 맞는 계획설계를 해봐야 한다. 건축사에게 토지 지번을 알려주면 3~4시간 내에 계획설계를 하여 어느 정도의 건물 규모를 지을 수 있고 건축공사비와 사업성을 판단할 수 있는 도면과 사업성 분석 자료가 나온다.

공인중개사의 말만 믿고 사면 나중에 큰 낭패를 볼 수 있다. 토지를 구매하기 전에 미리 아는 건축사를 알고 있어야 한다. 땅을 살 때 신속하게 설계와 사업성을 검토해줄 수 있는 건축사가 있어야 한다.

땅을 구입한다고 하여도 지번만 갖고 바로 계획설계가 나오는 것은 아니다. 각 지자체마다 규정이 다르기에 미리 건축사와 어느 지역에 토지를 사서 어떠한 건물을 지을 것인가 사전에 협의를 하여야 좋은 물건을 사서 사업성 있게 건물을 지을 수 있다.

우리나라 사람들은 너무 급하게 서두르는 경우가 많다. 평생 집

한번 짓기가 쉽지 않고 강남권에서 다세대, 다가구주택을 짓기 위해서는 토지가격 20억 원, 시공비 10억 원, 합계 30억 원 정도 소요된다. 이렇게 많은 자금이 소요되는데 너무 급하게 서둘러 예상하지 못했던 상황에 부딪혀 낭패를 보는 경우가 많다.

(2) 건축설계를 잘하는 방법

많은 발품을 팔아 토지 구매가 확정될 경우 건축계획설계와 사업성을 다시 한번 따져 보고 최종 토지를 구매한 후 건축설계를 하여야 한다.

건축설계는 전문가인 건축사에게 의뢰를 하여야 한다. 건축설계 시 한 사람의 건축사에게 맡기는 것보다 현상설계처럼 3인의 건축사를 경쟁하여 좋은 설계안과 사업성을 제시하는 건축사에게 건축설계를 맡기는 것이 좋다.

건축설계는 기획업무, 계획설계, 중간설계, 실시설계로 나눌 수 있다. 1차로 건축사를 선정 시 3인의 건축사를 지명 경쟁하여 1등에게는 건축설계 건을 주고 2등에게 200만 원, 3등에게 100만 원 정도 설계비를 지급하여야 한다. 주변에 많은 건축사들이 있지만 계획설계비를 지불하지 않고 계획설계를 의뢰하는 경우가 종종 있으나 대가를 지불하여야 좋은 설계안이 나온다.

이렇게 몇 단계의 계획설계를 거쳐 설계안과 사업성을 가장 적합하게 잘한 건축사를 선정한 후 설계계약을 하여야 한다.

건축설계계약 시 건축표준설계계약서를 작성하여야 하며 설계기간, 설계비, 지불조건, 특약사항 등을 명기하여야 한다.

특히 건축설계계약 시에도 건축설계보증보험과 3자 손해배상보증에 관한 명기를 하여야 한다. 계약서 작성 시 건축주는 건축설계에 관한 선급금을 30% 정도 지불하여야 하며, 지급 시 계약이행보증증권과 3자 손해배상보증보험을 동시이행으로 주고받아야 계약이 이루어지는 것이다.

여기서 저자가 강조하고 싶은 것은, 위와 같이 토지 구매와 설계 단계를 진행하는 것은 보통 잘하고 있으나 건축설계계약 시 보증보험을 잘 챙기지 못하고 있기에 선급금 지급 시 꼭 보증보험을 받아야 한다는 것이다.

건축설계가 다 비슷하다고 생각할 수 있으나 설계비도 시장경제에 의해서 자율적으로 계약을 하다 보니 건축주와 건축사에 의해서 설계비 차이가 2~3배 차이가 일어날 수 있다. 거기에 따라 설계의 질이 달라질 수 있다.

설계비를 싸게 계약을 하게 되면 건축 인·허가 정도 도면만 그려 주는 경우가 있고 설계비를 많이 주면 각 부위별로 많은 상세도까지 그려 주는 경우가 있다.

건축주는 싸게 설계를 하려고 설계비를 적게 제출한 건축사를 선정하는 경우가 많은데 건물을 짓는 데 가장 중요한 것이 설계단계이다. 설계를 얼마나 잘했느냐에 따라 건물의 가치가 달라질 수 있으며, 공사 도중 감리와 감독의 기준이 될 수 있고 사용 승인 후 건물의 하자를 방지할 수 있다.

설계에 의해서 감리자가 감리업무를 한 후 시공을 하였으나 설계가 미흡하여 하자가 발생하는 경우가 있다. 아직 건축설계는 하자이행증권을 제출하지 않고 있으나 하자 발생이 설계의 잘못으로 발생된 것이 법률적으로 확인이 되면 건축주는 설계자에게 민사소송을 할 수 있고, 소송에 의해서 손해배상을 받을 수 있으므로 계약서 작성 시 특약사항에 이러한 항목을 꼭 명기할 필요가 있다.

건축설계비는 단순 설계만 할 수도 있지만 건축주는 건축사와 계약 시 일반시방서와 특기시방서 작성을 요구할 수 있으며 통상적으로 이러한 정도는 건축사의 용역 범위에 포함된다. 다만 개략적인 공사금액을 확인하기 위해서 설계예정가격내역서를 요구하는 경우에는 별도의 300~400만 원 견적비용이 소요되며 설계비 이외에 별도로 지불하여야 한다. 설계예정가격내역서 작성 시 공내역서도 같이 받아 시공사 선정에 사용한다.

건축사와 계약서 작성 시 설계도면은 CAD 파일을 받아야 하며, 설계예정가격내역서 작성에 사용한 프로그램 원본 파일도 받아야 한다.

건축주는 설계 및 시공에 따른 특약사항을 미리 구상을 한 후 설계단계와 시공단계 계약 시 특약사항을 꼭 명기하여야 한다. 특약사항은 설계도면과 견적서, 시방서에 명기하기 어려운 사항을 나타내는 것으로 매우 중요한 사항으로 건축사에게 작성을 요청하여야 하며 설계예정가격내역서 작성 시 특약사항이 반영되어야 한다.

(3) 건축감리를 잘하는 방법

건축감리는 전에는 설계와 감리를 분리하지 않고 한 사람의 건축사에게 맡기는 경우가 있으나 최근에는 설계와 감리를 구분하

는 추세이다. 통상 주택과 상가건물은 최소 평당 3만 원 정도 한다. 감리의 중요성은 건축주가 간과하는 경우가 많은데 설계도면이 확정되면 건축허가와 착공신고를 한 후 감리의 확인에 시공을한다. 감리도 계약 시 감리표준계약서를 작성하여야 하며 계약서작성 시 건축설계와 같이 감리계약보증보험에 관한 증권을 받아야한다. 설계와 감리의 분리로 감리의 중요성은 점차적으로 중요하며 감리가 각 단계별로 감리업무를 하고 있으나 법적으로 정한 단계별 감리보다 좀 더 감리비를 주더라도 상주 감리에 준하는 감리를 실시하는 것이 건축주와 시공사간에 계약서와 특약사항, 내역서에 의해 시공을 하는지 여부를 확인하여야 건물의 내구성과 성능을 보장할 수 있다.

공사가 완성되면 사용승인을 받은 후에 건축주가 사용하거나 분양, 임대를 주는 경우가 있다. 건물이 완성되었다 하더라도 감리의무사항을 제대로 하지 않아 하자가 발생할 경우에는 상기 설계와 같이 건축주는 감리자에게 민사소송을 통해 손해배상을 받을수 있다.

(4) 건축시공을 잘하는 방법

집 한번 지으면 10년을 늙는다는 얘기가 있다. 그만큼 집짓기가생각처럼 쉽지 않기 때문이다. 우리가 각 단계별로 토지 구매부터건축설계, 건축감리, 건축시공자가 맡은 바 의무를 성실하게 책임을 지고 진행하면 좋겠지만 현실은 그러하지 못하다.

　서로가 믿고 일할 수 있는 사회가 되어야 하나 경쟁에 의해서 진행을 하다 보면 원가를 생각하지 않을 수 없다.

　건축시공업체를 선정하는 것은 설계, 감리보다 더 신중하게 선정하여야 한다. 주변에 싸게 하는 업체보다 적정한 가격에 잘하는 업체를 선정하여야 한다. 좋은 업체를 선정한다는 것은 단순히 소개만 받아서는 아니 되고 시스템에 의해서 선정을 하여야 하며 계약서 작성 시 공사금액, 공사기간, 특약사항, 견적서, 각종 보증보험증권 제출 등을 면밀히 확인하여야 한다.

　공사금액을 산정하는 방법은 당사자 간 1식으로 얼마에 하기로 할 수도 있다. 부가세가 포함되었는지도 알 수 없으며, 이러한 현장은 원만하게 완성되는 경우를 거의 볼 수 없고 민사소송을 한다 하여도 당사자 간에 많은 손실이 발생될 수 있다. 평당 공사비로 계약하는 경우에도 1층 필로티는 연면적에 포함되지 않고, 확장형

발코니도 연면적에 포함되지 않으므로 이러한 면적 증가분을 어떻게 구분할 것인가? 각 공종별, 재료별로 외형상 동일한 제품 같아 보이나 규격에 따라 가격 차이가 2배 차이가 나는 항목이 꽤 많다. 이를 어떻게 적용할 것인가는 미리 건축주가 사전에 많은 검토가 필요하다.

저자가 추천하는 좋은 시공업체를 선정하는 방법은 설계와 동일하게 세 군데 시공업체 중에 고르는 것이 좋다. 건축주가 지으려고 하는 건물과 유사한 건물을 잘 시공한 업체와 전문 책자에서 시공한 업체 추천, 주변에서 추천하는 업체 셋을 지명경쟁입찰을 하는 것이 좋다.

실시설계도면이 확정되면 건축설계사무소에 의뢰하여 설계예정가격 내역서를 받아야 한다. 통상 건축설계사무소에서는 견적을 하지 않으므로 견적비용을 300~400만 원을 주고 설계예정가격내역서와 공내역을 받아서 시공업체에게 현장설명 시 공내역에 의해서 견적서를 받는다.

건축주는 실시설계도면 확정 시 각 부위별로 어떠한 자재를 선정할 것인가? 자재업체 상호와 자재시리얼 번호, 색상까지 확정한 후 구체적인 실별 자재마감리스트를 작성과 구체적인 특약사항을 확정하여 건축설계사무소와 견적에 관한 계약을 하고 견적사무소에 의뢰를 하여야 한다.

건축설계사무소와 견적계약을 하여야 견적사무소에서 견적을 할 경우 건축주와 설계자의 의도를 잘 파악해서 구체적인 설계예정가격내역서를 작성할 수 있다.

통상 실시설계도면을 갖고 건축시공업체에 견적을 의뢰하면 업체마다 조금씩 다르게 내역서를 작성하므로 서로 비교 검토하기가 어렵다. 따라서 시공업체의 견적서를 비교를 쉽게 하기 위해서도 설계예정가격내역서를 공내역으로 전환 후 공내역서를 시공업체에 주고 단가 견적에 의해 총액 입찰을 하여야 한다. 견적사무소에서 기본적으로 각 공종별 수량산출서가 있기 때문에 설계 변경 시에도 쉽게 접근할 수 있다. 이러한 절차를 밟아 적정한 가격을 제시한 시공업체를 선정한 후 시공업체와 계약을 한다.

건축주가 이러한 절차를 밟지 않고 시공사에게 실시설계도면에 의해서 견적서를 받을 경우 동일한 공사금액이라도 업체마다 공종별 공사금액이 크게 상이할 수 있다. 어느 업체는 토공사와 골조공사에 금액이 많은 반면에 어느 업체는 마감, 설비공사에 금액이 많은 경우가 있다. 나름대로 장·단점이 있지만 각 공종별로 표준적인 공사금액 비율에서 크게 벗어나지 않게 작성되어야 한다. 따라서 시공업체가 결정된 후에라도 확정된 공사금액 범위 내에서 공종별로 적정한 금액 조정을 하여야 한다.

현장설명 시 기본적인 시공업체의 실적과 회사소개 자료를 받아서 검토하여야 하며, 시공업체와 계약서 작성은 건축을 잘 모르는 건축주는 시공업체가 작성한 계약서에 계약을 하는 경우가 많다.

시공업체와 계약은 건축표준시공계약서를 사용하여야 하며, 통상 공사금액, 공사기간, 공사지체상금, 하자보증률 정도는 표기를 하나 이러한 경우도 생략하는 경우도 종종 볼 수 있다.

여기서 저자가 전문가로서 꼭 지적하고 싶은 것은 토지 구매, 설계단계, 감리단계별로 꼭 챙겨야 할 사항을 지적하였지만 최종적으로는 시공하는 단계에서 명확하게 하기 위해서 지적을 한 것이다.

시공업체와 계약 시 매우 중요한 것은 여러 가지가 있지만 공사금액을 확정 시 특약사항과 계약내역서에 의해 공사금액을 확정하여야 하며, 각종 보증보험에 관한 명기를 정확히 하여야 한다.

계약을 하게 되면 시공업체가 계약이행보증보험 20% 정도, 선급금을 지급하게 되면 선급금보증보험, 공사가 완료되면 하자이행증권을 지급받아야 한다. 건축을 잘 모르는 사람은 계약이행증권과 선급금이행증권을 구분하지 못하고 있다. 계약이행증권은 선급금 지급과 별개로 건축주가 시공사에게 계약에 관한 이행하겠다는 보증보험을 받는 것이고, 선급금이행증권은 건축주가 계약금으로 10~20% 지급 시 선급금을 계약조건에 의해서 사용하고 기성금 청구 시 선급금을 비율에 따라 공제를 하겠다고 선급금보증증권을 받는 것이다. 하자보증증권 공사금액에 3%를 하며, 보증기간은 건물마다 다르나 통상 일반 건물은 3년 정도 하며, 다세대주택과 공동주택은 공종별로 1년에서 10년까지 6단계로 나누어서 하자이행증권을 받는다.

건축주가 시공업체와 계약 시 여러 가지를 확정하다 보면 이러한 보증보험을 계약서에 명기하기 않는 경우도 종종 볼 수 있다. 계약서 명기하였다 하더라도 단계별로 보증보험을 받아야 하는데 시공사가 차일피일 미루다가 제출하지 않는 경우가 있다가 상당 부분 공사가 진행 후에는 제출하지 않는 경우도 많이 볼 수 있다. 계약서 작성 시 3일 내 계약보증보험증권을 제출하지 않을 경우에는 계약을 파기한다는 특약사항과 선급금보증보험은 선급금 지급 시 동시이행으로 받는 조건으로 하고, 하자이행보증보험은 사용승인검사 시 보증보험을 제출하는 조건으로 계약서를 작성하여야 한다.

모든 과정을 서로가 믿고 공사를 진행하면 좋겠지만 공사 도중 여러 가지 사정에 의해서 공사가 중단될 경우 건축주와 시공사는 불가피하게 손해가 발생될 수 있다. 공사가 중단되면 건축주는 선급금 지급한 것에 대한 정산문제와 시공사의 계약불이행에 따른 손해가 발생될 수 있다. 이러한 사항이 발생될 경우가 있기에 건축표준시공계약서에는 보증보험에 관한 명기가 있으므로 건축주는 반드시 계약·선급금이행증권을 챙겨야 한다. 시공사는 건설산업기본법 제22조 2항에 의해 건축주한테 공사대금지급증권을 받아야 한다. 시공사는 선급금과 공사 진척에 따라 기성금을 받아야 하며, 공사가 완성된 경우에는 계약조건에 따라 잔금을 받아야 하나, 일부 건축주가 잔금을 미루는 경우가 있다. 건축주의 여러 가지 사정상 공사잔금을 미룰 경우 시공사가 민사소송을 통해 지급받을 경우 많은 시간과 경제적 비용이 발생될 수가 있다. 시공사도 계약서 작성 시 공사대금지급보증증권을 계약이행보증권의 비율만큼 건축주에게 받아야 한다.

공사 도중 공사가 중단된 경우 또는 완성된 경우 잔금을 못 받는 경우에는 시공사는 공사대금지급증권에 의해 보험사에 이를 청구할 수 있다.

저자가 왕초보도 집짓기 전문가가 될 수 있다고 한 것은 다음과 같이 하면 되기 때문이다. 토지 구매, 설계, 감리, 시공단계별로 각종 리스크가 발생될 여지가 많기 때문에 이를 보상받기 위해서는 법률적으로 보장된 각종 보증보험제도를 활용하여 계약서에 이를 명기하고 받은 후에 단계별로 진행을 하게 되면 중간에 중단이 되거나 완성된 후에도 용역비, 공사비 지급에 대하여도 문제를 해결할 수 있고, 완성된 후에도 건물에 대한 각종 하자를 설계, 감리, 시공단계로 원인을 구분하여 당사자에게 요구도 할 수 있고 아니 되면 보증보험 또는 민사소송을 통해 해결할 수 있는 방안을 제시할 수 있다.

본 저자는 경영학, 건축공학, 건설법무학 석사학위, 법학박사 학위, 건국대 부동산학 박사과정 수료, 건축사, 건축시공기술사 자격 취득, 대한상사중재원 과정, 대한건축학회 AAL과정, 건설회사 18년 근무하였으며, 현재 ㈜야후종합건축사사무소, 솔로몬건설분쟁연구소, 솔로몬부동산컨설팅을 운영하고 있다. 국내 최초로 건축과 출신이 건축사와 건축시공기술사, 법학박사로 국내 건설분쟁 공사비 법원감정인으로 최다 법원 감정실적과 경험으로 "왕초보도 집짓기 전문가 될 수 있다."에 최고의 전문가로 토지 구매, 설계, 감리, 감독, 시공 분야에서 최상의 컨설팅을 제공하여 건설분쟁이 발생되지 않도록 모두가 만족하는 건물을 짓는 데 최선의 서비스를 제공하겠습니다.

PS: 짧은 지면상 좀 더 구체적인 방법을 전달하지 못한 점 너그럽게 이해해 주시길 바랍니다. 개인적으로 궁금한 게 있는 분들은 연락을 주시면 친절하게 알려 드리겠습니다. 또한 집을 짓기 위해 상기와 같은 자문 또는 강의가 필요하시면 언제든 연락주세요.

이 영 도

성균관대학교 경영학 석사

어깨동무 회장

(주)어깨동무정보 대표이사 회장

하남 말동무 목장 회장

고려대학교 명강사 최고위 수료

인성지도사, 명강사 1급

(전) 육영재단 자문위원

어깨동무 국토순례단 회장

박정희 대통령 숭모회 회장

이메일: dodo1410@naver.com

연락처: 010-5222-9973

걸어서 천 리
국토순례 대장정이 남긴 이야기

필자는 1991년부터 2005년까지 걸어서 천리 국토순례 대장정이라는 청소년 극기 캠프를 운영하였다. 여름·겨울방학 기간 내 15일간 해뜨는 동쪽 끝에서 해지는 서쪽 끝까지 걸어서 가는 프로그램이었다.

1998. 8 정부수립 50주년 기념순례 (광화문 행진)

국토순례는 기간 중 1만여 명의 수료생을 배출하였다. 이 수료생들은 백두산 등정, 항일유적지, 고구려 유적지를 찾아보며 우리

역사를 배웠고, 유럽을 여행하며 호연지기를 키웠다. 이 시간 속에 어머니, 그 위대한 이름으로 긴 여정을 이겨낸 사연들을 적고자 한다.

자식을 떠나보내기로 한 어머니가 눈물로 기도한 사연과 사랑이야기이기도 하고, 순례단 단원이 되어 15일간의 순례길에 몸과 마음이 겪어낸 무용담이기도 하다. 또한 이들을 먹이고, 입히고, 씻기고, 재우며, 아플 때 치료하고, 용기와 신념을 심으며, 함께 걸었던 주최 측의 이야기이기도 하다.

네 가지 약속

1998. 8 가리왕산 하산길

어머니들이 전기에 1시간 영상기록과 책자, 올해 순례일정, 목적, 준비물, 과정 전반에 대하여 듣는다. 하염없이 눈물을 흘리고 닦으며, 내 자식이 일원이 되어 국토순례 하는 과정을 상상하면서 자식을 떠나보내려는 결심을 한다.

필자는 순례길 참여를 원하는 부모에게 4가지 약속을 받아둔다.

1. 순례 중 찾아오지 못합니다.
2. 매일 편지를 써야 합니다.
3. 마지막 날은 함께 걸어야 합니다.
4. 이 과정에서 긍정도 부정도 사랑해야 합니다.

2004. 8 김원기 국회의장 격려사

1. 순례 중 찾아오지 못합니다.

이 요구를 풀어 해석하면, 부모님이 사회적으로 어떤 위치든, 잘 나든 못나든, 있든 없든, 관계를 단절시키고 자식의 세계를 그대로 남겨두라는 것이다. 그들의 세계는 그들의 것이다. 먹을 것, 입을 것에 차별이 있거나, 부모의 영향력이 미쳐서는 안 된다는 것이 주최 측의 뜻이다. 우리는 아픈 기억을 가지고 지켜가는 계율이다.

93년 겨울 재일교포인 아버지가 순례에 아들딸을 보내놓고 보고 싶어 온 적이 있었다. 잘 통하지 않는 언어로 겨우 설득하여 아버지를 돌려보내는데, 그 뒷모습이 쓸쓸했다. 초등학생 딸이 운동장을 나서는 아버지에게 팔을 흔들어 보였다. 먼발치에서 딸을 마지막 본 아버지는 이틀 뒤 교통사고로 세상을 떠났다.

필자는 소식을 접하고 서울로 향하는 길목에서 남매를 불러 장례식장으로 보내며 아버지가 돌아가셨다는 말을 차마 못 했다. 모두가 나의 죄인 양 울었다.

이렇게 아픔을 안고 지키는 법이니 존중해 달라고 나는 이야기한다.

2. 매일 편지를 써야 합니다.

필자는 저녁 9시면 전화 사서함으로 그날 일정의 소식을 전한다. 부모들은 이 소식을 듣고 편지를 써서 팩스로 보내온다. 우리 일행도 편지를 써서 같은 방법으로 보내는 것이다. 하루 간격으로 편지로 소식을 주고받는데, 누구는 받고 못 받으면 상처가 되니 꼭 쓰라고 당부한다. 군대에서도 편지가 많이 오면 병사의 사기가 높은 법이다.

눈물이 마르지 않는 부모와 자식 간의 사연은 편지지를 적시고, 말로 다하지 못한 사연은 글로 나누니 가정의 소중함이 새삼 저려 올 것이다. 부부간 냉랭했던 가정도 자식을 떠나보내놓고 편지를 주고받으면 그 앙금들이 다 녹아내릴 것이다. 가정에 평화가 오고, 이 기록을 남겨 보관하면 나중에 좋은 추억이 될 것이다.

3. 마지막 날은 함께 걸어야 합니다.

검게 그을려 작은 영웅이 되어 돌아온 걸음은 부모가 따르지 못한다. 15일 만에 자식이 부모의 보호자가 된다. 주로 여의도에서 인천까지 긴 마지막 길을 같이 걷는 부모 중 10%도 완주하지 못하니 걷는 연습을 해야 한다.

4. 이 과정에서 긍정도 부정도 사랑해야 합니다.

편지는 다양한 사연을 전할 것이다. 특히 힘든 과정에서 적는 편지니 불만이 많다.

"어머니, 여기는 사람 사는 곳이 아닙니다. 보내신 뜻을 이제 깨달았으니 저를 데려가세요. 여기 식사는 개밥보다 못해요. 어제는 빗속에서 서서 밥을 먹었는데 먹는 것보다 국물이 많아지고 발목까지 물이 차올랐어요. 영하 20도인데 얼음물에 들어가니 온몸이 굳었어요."

자식의 눈으로 바라본 부정적인 시각이다. 어머니에게는 이 부정도 사랑하고, 참고 기다려 달라고 하는 것이다. 어머니는 아들의 편지에 이런 사연을 적어 보내 왔다.

"너의 속살로 데운 계곡 얼음물은 봄이 일찍 오겠다. 너의 함성이 겨울잠을 자는 동물을 깨워 놓았구나. 발목을 타고 오르는 시린 한기가 너의 가슴에 이르면, 엄마는 너를 안고 뛰어들고 싶다. 아들아. 작은 봄꽃의 아름다운 속살에도 춥고 긴 겨울을 이긴 의지가 숨어 있단다. 고개를 들어 하늘을 보고 가슴을 넓혀 세상을 품으렴."

"아이들이 만드는 세상에는 완성이 없습니다. 어려움 중에도 다툼이 있고 시련이 있지요. 참고 기다려 녹아내려야 합니다. 그 과정에서 엄마는 시인이 되고, 거인이 되어 갑니다. 시련까지도 사랑해야 떠나보낼 수 있습니다. 내 아이가 동에서 서로 걸어오니 방향을 알고, 고개를 들어 하늘을 보니 기상을 얻고, 어울려 걸으니 사회성을 얻어 오겠습니다. 추위는 이겨도 더위는 피해야 합니다. 어깨동무는 경험만큼은 단련돼 있고, 최선이라는 말보다, 교만하지 않고, 살펴 행하며 끝없이 노력할 것이라는 약속만 합니다. 눈물이 강처럼 흐르며, 자식을 맡기고 신사임당이 된 어머니는 모든 준비물에 바느질로 자식 이름을 새기고 안녕을 위해 기도를 하고 또 하고 밤을 하얗게 새웁니다."

떠나보내는 부모의 기대라는 것이 참 다양했다.

"우리 애는 전국 수학 경시 대회에서 4등을 했는데 더 잘해야겠어요."

"전교 학생회장인데 이 정도 경력은 있어야겠지요."

"엄마도 학교도 사춘기 온 자식을 감당치 못해요."

"내 자식은 너무 비만해 방법이 없어 국토순례에 기대합니다."

"내 아이가 아토피 피부병이 있는데 이 과정에서 좋아지길 기대합니다."

"우리 애는 외국에서 살다 와서 한국 애들과 적응을 못 해요. 이번 국토순례를 아이가 한국을 배우는 기회로 삼았으면 좋겠어요."

동대문을 지나며 … 95. 8. 11

광복 50주년 기념사업

　이러한 꾸러기들은 부모의 사랑의 배를 타고 국토 순례길을 항해하는데, 많게는 1회에 600여 명이 되기도 했다. 이들의 희망과 꿈을 싣고 항해를 해야 하는 선장이 된 필자는 이들과 멋진 전쟁이 시작되었다.

　어깨동무는 이 순례단을 걷고, 먹이고, 입히고, 씻기고 아플 때 치료하고, 꾸러기들을 설득하고, 용기를 주고, 강인하게 만드는 역할을 한다. 순례단을 바라보는 부모와 인척, 동료들까지 다 함께하는 의식의 공동 공유가 프로그램상 중요했다.

　보통 2개 도, 5개 군, 5개 시를 지나는 동안 지방 자체단체와 순례정보의 공유, 교육청과 협의, 안정 행진을 위한 순례단 자체 기구 외 경찰청의 협조, 행진로의 인근 사단급 부대의 유사시지원

체제 및 사기 앙양책으로 군악대의 지원, 지역의 문화 교육과 탐방 등을 위한 광범위한 자료 수집 및 협의가 필요했다.

함께하는 순례를 위해 순례지에 있는 소년·소녀 가장, 보육원, 지방자치단체의 추천 순례인원, 국방부, 교육부, 문체부 등과의 후원도 추진하고 실행했다.

1995. 8 청와대 녹지원 영부인 손명순여사 격려

필자는 이것보다 더 중요한 주안점이 내부의 편성과 조직의 탄력, 운영이었다. 이에 따라 순례를 하는 학생단과, 학생단을 지원하는 지원단으로 나누었다.

학생단의 편성은 5개의 제대를 나누고 명칭은 백두대간, 태백산맥, 소백산맥, 노령산맥, 차령산맥으로 산맥 명칭을 붙였다. 물품의 관리를 위해 겉에서 보면 소속을 알 수 있게끔 옷, 모자, 장비를 오방색으로 구분하고 군대 소대 격으로 산맥에 있는 산 이름을 부여했다. 백두대간은 백두산부터 제주 한라산까지 하여 순서적

1995. 8 청와대 앞에서

번호를 주어 각종 우편물과 개인 물품을 색깔(산맥), 산 이름, 번호가 자신이 되게 하여 분류하였다.

이 편성에서 산맥별 자체의 대응능력을 위해 중학생 고학년에게 역할을 주었다. 저학년들이 짐을 싸거나 옷을 입을 때 도와주고, 신을 신기고, 씻기고, 배낭을 대신 메주는 등 도움을 주도록 했다. 비만이거나 어린 학생은 끼리끼리 편성하여 이해를 높이고, 학년별로 편성하되 지방별로 나누어 같은 학교가 산맥별로 중복되지 않게 하여 새로운 친구를 사귀도록 배려했다. 여학생은 태백산맥 붉은색으로 구분했다.

운용에서는 고학년이고 순례 경험이 많은 학생이 단장을 맡는 계급제 자치로 하고 학생단장, 부단장급을 백두대간 백두산에 위치하여 행진길 질서와 사고에 대비를 맡도록 하였다. 기수단, 안전관리단, 통신운용(약 60대)을 통한 지휘체제, 취사지원, 의료지원 등의 임무가 부여되었다.

이들을 도운 지원단은 취사팀, 의료팀, 수송팀, 안전관리팀, 촬영팀, 상황실을 구성하여 학생단과 유기적 협조를 가지도록 했다.

취사팀이 식사준비가 되면 취사담당 부단장과 산맥 취사 당번이 식사를 맡아 배식을 한다. 한 번 임무를 받으면 순례 종료 시까지 담당하게 하여 전문가를 만들었다. 목욕을 시킬 시는 의료팀이 알몸을 살피고, 병원 치료 등을 담당하는데 지도자 단원이 직접 같이 확인하여 처리토록 하며 책임감을 부여했다. 이렇듯 모두가 참여하여 확인하여 살피고, 점검토록 일체화하였다.

주로 학교 운동장에서 여름이면 야영하고, 겨울이면 교실에서 하룻밤을 숙영하고 다시 짐을 싸고, 학생단은 열심히 걷고, 지원단은 그런 학생단을 돌보며 숙영지를 이동하는 고단한 일정이다.

99년 겨울행진의 순례기

이들이 떠난 99년 겨울행진의 순례기록이다.

제13기 어깨동무는 15일간의 일정으로 천리 국토순례 대장정을 위한 결단식을 99년 1월 3일 송파구민회관에서 부모님과 함께 오전 11시에 열었다.

하루 전 지도자는 지원단과 함께 각 임무를 나누고 모든 일정에 따른 오리엔테이션을 마친 상태였다. 결단식 준비도 어깨동무 선배들이 일사천리로 준비했다. 플래카드와 엠블럼기를 걸고, 안내를 맡고, 식장 분위기를 챙겨준다.

지도자가 좌석 배열에 따라 출석인원을 체크하고 준비하는 모습을 바라보는 나는 퍽 흐뭇했다. 선배들이 시간을 내어 척척 숙달된 모습을 보이니 13기를 이어온 이것이 바로 '어깨동무의 모습'이라는 생각이다.

언제부터인가 외부 인사를 초청하는 것을 자제해왔다. 어깨동무끼리 시린 가슴의 엄숙하고 진지한 자리에 혹 '이해 못 할 일'이라도 생길까 하는 조심스러움이 있었다. 단상의 좌석도 없애버렸다. 단상 위에 앉을 사람이 누군가에 대한 질문이 생기고부터였다. 화환 같은 것은 애초부터 두지 않았다. 별스런 우리들에게 사치 같다는 생각에서였다.

간단한 인사를 부모님께 하고 어린 단원을 소개했다. '초등학교 1년 여훈이와 초등학교 2년생 허경회와 염준식이 잘해낼까?' 하는 걱정과 우려가 섞여 있는 듯하다. 이어 초등학교 3학년 홍영훈이 소개되면서 분위기가 풀리는 듯하다. 영훈이는 4번째 참가로, 2학년부터 순례에 참가했다. 저학년 부모님의 속내는 '뭔가 있긴 있어서 저 어린것을 굳세게 보내는구나.' 하는 안도를 훔쳐 느끼게 한다.

수도권 지역 52사단 군악대가 주악을 울려주는 가운데 부모님들의 '눈물의 전송'을 뒤로하고 서울을 떠나 중부고속도로에서 영동고속도로를 지나 하진부에서 오대산을 넘었다. 어깨동무 선배들이 힘겹게 넘던 동해바다를 옆으로 두고 달릴 즈음 설악산으로 해는 지고 있었다. 오후 1시에 출발해 차량소통이 좋았다. 어둠이 깔린

양양군의 양양중고에서 단원들을 하차시키고 정렬시켰다. 간식을 먹고 조잘거리고 잠을 자서 여행에 지친 단원들을 긴장시키고 몸도 풀어줄 겸 운동장을 15바퀴 정도 뛰게 하니 뚱뚱이의 비명 소리가 여기저기서 들린다. 된장국으로 한 간단한 저녁 식사에 처음 온 단원들은 표정이 없다. 이들은 어깨동무 나라에 온 것이다. 강당에 모아놓고 11시까지 각 지방에서 참가한 단원들을 소개시키고, 편성에서부터 계급 소개, 임무, 순례, 코스를 설명해 주고 각 산맥별로 교실로 돌려보냈다.

교실이 요란하다. 예절교육, 구호외우기, 산맥별, 소개가 있다. 새벽 1시가 지나 총대장 이상이 모여 13기를 꾸려갈 회의가 시작되었다. 인천방송 이지훈 PD는 연신 아이들 회의 내용을 카메라에 담는다.

이지훈 PD는 어깨동무에서 '터미네이터'라는 별명이 붙어있다. 지난 11기 겨울에는 손에 깁스를 하고 오더니 올해는 다리를 절고 있다. 너무 정열적이고 진지한 그의 프로정신은 어깨동무 단원들을 감명시켰고, 그의 훈장 같은 별명이 되었다.

새벽 3시. 잠시 눈을 붙였다. 6시면 기상해서 기본훈련을 챙겨야 한다. 13기의 전쟁은 이렇게 시작된 것이다.

부단장 2명이 그 밤을 꼬박 새우고 있었다. 난로 점검, 무전기 60대 충전 등으로 부산을 떨고 있었다. 그들의 솔선수범과 희생, 사명감이 오늘의 어깨동무의 힘일 것이다.

94.12.31 결단식

1월 4일 새벽이 열렸다. 오전 중 강도 높은 기본훈련이 산맥별로 진행된다. 이 훈련이 팀워크를 다지는 기본이기에 강하면 강할수록 좋다. 날씨도 겨울 날씨로는 따뜻했다. 단원들이 선착순, 오리걸음, 엎드려뻗치고, 좌향좌·우향우 등 각양각색의 모습에 나는 미소 띤 여유가 있었다. 지도자 80명의 자기 자리매김의 모습이 있기 때문이다.

국립간호대학생인 양호교사에게 매트리스를 한편에 편 뒤 환자 받을 준비를 하게 하고 한 바퀴 돌아보니 울고 웃을 일이다. 못 하겠다고 자빠지고, 체한 단원은 토하고, 집에 가겠다고 보채기까지 한다. 나에게 미소의 여유가 있음은 경험이 쌓인 탓일까. 오전 훈련을 마감하고 점심을 먹고 난 후 운동장을 도는 행진 연습을 하고 양양군청을 방문하여 해 뜨는 동쪽나라라는 양양의 옛 지명의 설명을 들었다.

낙산해수욕장에서 동해바다를 보며 부모님은 이렇게 기도하리라. 내 자식이 넓은 가슴, 깊은 사고, 푸르름으로 가득하게 하소서. 사물놀이 패가 하늘에 울리며 땅의 소리를 내고 있었다. 소리치고 뒹굴고 웃통을 드러내고 기마전도 하며 기상을 길렀다.

설악에 해지는 모습을 보며 남대천을 따라 양양중고를 향해 걷는 우리 앞에 어둠이 찾아왔다. 목적지를 500m 앞두고 샛길을 통해 학교 쪽으로 먼저 가서 바로 식사를 시킬 준비를 점검할 양이었는데 무전기에서 다급히 양호교사를 찾는다. 양호교사로부터 '쓰러진 단원에게 급히 간다.'는 교신이 있었다.

잠시 후 초등학교 3년 최종욱 단원이 업혀왔다. 눕히고 살피니 상태가 심상치 않다. 정신을 차리게 하고 인근 병원으로 보냈다.

얼마 후 돌아왔는데 허약하단다. 그날 밤 나는 고민에 빠졌다. 종욱이를 내일 걷게 할 것인가, 말 것인가다.

1월 5일. 첫 공식 보도일이다. 이 지역 22사단에서 군악대를 보내왔다. 8시 30분, 간단한 출정의식을 가졌다. 서쪽을 향한 걸음이 시작된 것이다. 아침까지 종욱이의 도보 참가여부를 결정 못했던 나는 종욱이를 살펴보고 양호교사를 통행케 하며 행진을 시켰다. 한계령을 넘고 원통에서 광치령을 넘어 양구, 백리길 소양강을 걸어 화천군으로 이어 춘천 그리고 북한강 줄기를 따라 서울 여의도까지 350여km. 우리는 빙글빙글 돌아오는 것이다.

한계령을 하루에 정복하는 것은 무리다. 오색약수터까지 25km를 걸어내는 것이 오늘의 목표! 바람은 드세지만 걸을 만하다. 9시에 출발해 12시까지 휴식 없는 강행, 1학년 여훈이도, 쓰러졌던 종욱이도 잘해내고 있다. 오색 기슭에 이를 즈음 여훈이에게 짓궂은 질문을 했다. "할 만하니?" 하고 말을 걸었더니 "저에게는 오로지 전진만 있을 뿐입니다."라고 한다. "오~ 그러니? 잘해봐라." 하고는 이날 큰 무리 없이 오후 3시 30분 숙영지인 오색그린야드 호텔에 도착했다.

우리가 하루 묵을 자리는 연회실이다. 지배인으로부터 오색의 유래 다섯 색깔 나무에 대한설명을 듣고 오색온천에서 따뜻한 목욕을 할 수 있었다. 저녁시간 모여 앉은 자리에서 필자는 이런 말을 했다. "오늘 우리는 참 행복하다. 잠자리도 좋고, 목욕도 좋다."

그 뒤에 이런 말도 덧붙였다.

"여러분이 가족여행으로 오색을 찾아와서 호텔방에서 묵지 않고 연회실에서 잠자리를 한다면 불결하고 불쾌할 것이다. 그러나 우리 순례단이 교실에서 묵는 것보다 오늘을 편안히 생각하는 것은 '형편과 처지에 따라 행복의 척도는 다른 것.'이기 때문이다."라고.

설악 기슭에 깊은 고요가 찾아든다. 호텔 측에 우리는 난방을 하지 말라고 당부했다. 실내온도가 따뜻하면 감기의 우려가 있다. 그날 밤 우리는 설악의 품에서 편안히 잠들었다.

설악을 넘는 1월 6일. 매서운 추위가 우리를 기다리고 있었다. 9시, 오색을 떠난 우리는 한계령 등정길을 시작했다. 우리가 기다린 것은 눈이었다. '눈 덮인 설악' 걷기를 기대했던 우리는 그 기대를 접어야 했다. 어깨동무는 미시령, 오대산, 백복령 등을 넘어보았지만 한계령의 느낌이 가장 좋았다. 선이 부드럽고, 기상이 있고 우리 아이들을 품에 안아주는 것 같은 포근함이 있어 좋다. 설악에서 산허리를 오르는 단원들을 보니 설악의 겨울 꽃으로 피어났다.

겨울의 설악을
너희 더운 가슴으로 데우는구나
화강암으로 빚어놓은 다채로운 기암절벽이
너희 보고 미소 짓는다.
설악에서 찌든 가슴 씻어내고 기상 얻어 돌아오렴.
애야, 힘들어도 이기고 그리워도 참아내야 한단다.

어머니의 심정은 이러했으리라.

　설악 정상까지 오르막 10km, 원통까지 하산길 27km, 가장 난코스였다. 정상 정복을 12시로 삼고 저학년이 절망감을 느끼지 않도록 속도 조절을 하고 어린 동생들의 배낭을 들어주며, 밀고 끌며 정상에 이른 시간은 11시 40분. 목표보다 20분을 앞당겨 정상에 섰다. 정상에는 눈보라의 드센 바람으로 고개를 들 수조차 없고, 영하 30도의 체감온도를 느낀다.

　한계령 휴게소의 도움을 받아 그곳 식당을 빌려 식사를 마칠 수 있었다. 눈 내려 미끄러운 하산길, 장수대, 옥녀탕을 지나 원통중학교에 이른 시간은 저녁 8시쯤, 지친 몸으로 전원이 완주를 해냈다. 우리 일행의 발은 너 나 할 것 없이 물집으로 너덜너덜해져 갔다.

　저녁시간, 단원들은 부모님의 첫 편지를 받고 흐르는 뜨거운 눈물로 원통마을을 녹여내고 있었다. 이 뜨거운 눈물이 순례길에 나선 이들을 성숙하게 하리라 믿으며, 눈물범벅 된 모습으로 효자공장이 된 어깨동무가 부모님께로 사연을 엮어갈 즈음 원통마을 밤은 깊어가고 더욱 얼어붙기 시작했다.

　1월 7일, 본격적인 추위가 기다리고 있었다. 눈만 내놓고 모자를 내려 쓰고 목도리하고 보온 무장을 했다. 제주도보다 큰 인제군을 떠나는 우리에게 육군 12사단은 군악대를 내보내 위로해준다. 광치령 정상에서 인제군을 지나고 양구군이 우리를 맞는다. 이 광치령은 6·25 때 수복지구다. 2년 전만 해도 비포장도로에다

• 설악의 한계령을 오르는 어깨동무 2000.1.12 •

첩첩산중이었으나 광치터널이 뚫리고 포장이 된 후부터는 걷기에 수월해졌다. 정상에 이르니 황량한 양구의 빈 들판이 눈에 들어온다. 가오작교에 이르러 기념촬영을 하고 오후 4시경 용하중학교에 여정을 풀었다. 날씨는 점점 추워져 가고 있다.

그날 밤 작은 사건이 있었다. 중학생들은 각 맥별로 봉사단을 이루고, 궂은 청소, 행진 간에는 동생들의 배낭 메주기로 행진에 돌아와서도 별로 쉴 틈이 없다. 이들은 스스로를 짐꾼, 노동자, 노가다 부대라고 불렀다. 이 품팔이 대가로 15시간 봉사시간을 순례 종료 후 받아간다. 이 과정이 힘들어 울었단다. 나는 이들을 따로 불러 모아 어찌 저학년과 같이 걷는 것으로 가치평가를 하겠는가. '자기희생을 통해 가슴을 데워라. 진정한 용기는 자기희생에 있는 것이다.'라고 다독여 주었다.

1월 8일. 소양호로 나아가는 길이 차고 매섭다. 2사단 군악대가 나와 있었다. 날씨 탓에 언 악기에 입이 달라 붙어 악기를 불기 힘들고 손가락마저 움직이지 못한다. 나팔수 악보가 날리고 살갗이 찢어지는 듯하다.

　소양강가 이를 즈음 점심때가 되어 식당차가 왔지만 식사를 위해 대열을 멈출 용기가 생겨나지 않는다. 잠시 쉬는 식사시간 동안 체온이 저하되어 동상이라도 걸릴 우려가 있는 심각한 추위에다 딱히 걸어가면서 먹을 만한 간식도 마땅치 않다. 결국 숙영지인 웅진 청소년 수련장까지 10km를 점심을 거르고 밀어 붙이는 것으로 결론을 내리니 가슴이 시리다. 지원단은 숙영지에서 학생단 맞이할 준비를 갖추게 하고 행진은 이어졌다. 더운 김을 뿜어내며 소양강가를 걷는 이들이 참으로 기개롭다.

* 2002.1.17. 제18기 어깨동무 팔당대교를 행진하며 *

오후 2시 반 웅진 수련장에 도착했다. 따뜻한 음식으로 몸을 데우고 우리 일행을 걱정하던 양구교육장께서 쌍화탕을 사들고 위로차 방문을 했다. 자랑스러운 여러분이 있어 조국의 장래는 밝다는 감격스러운 말씀을 남긴다.

짓궂은 나는 초등학교 1학년생 여훈이를 찾아갔다. 오늘 서울로 가는 차가 있는데 '너는 1학년이니까 집에 갈 수 있다.'고 하니, 구슬 같은 눈물을 흘리며 집에 가고 싶단다. 나는 그런 여훈이에게 '국토순례는 걷기만 하는 것이 아니고 그리움도 이기는 것이란다.'라고 말해 주었다. 여훈이는 꿈을 접어야 했다.

수련장에 도착한 우리 일행은 1월 9일 하루, 정비일을 맞았다. 아침 8시까지 곤한 잠을 자고 난 후 우리들은 모여앉아 집을 떠난 지 7일째, 도보 4일이 지난 여정을 정리했다. '기록을 남기지 않으면 금수와 무엇이 다르겠는가.' 피곤하더라도 꼭 수양록과 편지쓰기를 독려하고, '8년에서 15년을 살아온 여러분의 경험으로 부모님을 비판하는 교만은 자식 답지 못하다. 부모님 앞에서는 자식으로서, 학교에서는 학생으로서, 동생 앞에서는 형과 언니의 몫이 있는 법이다. 그러하듯 어깨동무의 단원으로서의 몫을 주저 없이 행할 것'을 일러 주었다.

'잡곡밥에 된장국이 맛없을지 모르지만 혀를 즐겁게 하는 음식이 몸에 유익하지 못함을 기억해라. 사람이 무엇을 먹어야 하는지. 구강구조를 살피면 곡·채식을 해야 하는 법이다.' 이즈음 육식을 좋아했던 비만 단원이 인내가 없고 체력이 부족함을 느끼고 있는 터였다. '보리밥 먹기를 힘겨워 마라. 보리는 겨울을 이긴 끈기가 숨어 있다. 사람도 역경을 이겨낸 자가 강인하고 철학이 있다.'는 어깨동무 음식 철학을 설명해 주었다.

이때까지 어깨동무들에게 순례 전에 감기가 걸려 있는 단원들이 60%나 되었지만 감기약 투여를 절제하고 있었는데 감기는 모두 이겨냈다. '감기를 스스로 이겨낼 수 있는 면역체계를 길러라. 외부침투균을 몰아내는 유익균을 강화해야 한다. 감기로 몸이 아픈 것은 우리 유익균이 침투균과 싸우고 있는 과정인데 약을 먹으면 유익균이 싸울 기회가 없어지면서 게을러지고, 싸우려 하지 않을 때에 면역 체계가 무너져 약도 들지 않는 허약 체질이 된다.'고 일러주고 초롱한 아이들의 눈빛을 보았다.

점심 후 우리들은 운동장으로 나가 뛰고 뒹굴었다. 단장, 부단장 5명이 강추위 속에 얼음을 깨고 팬티 바람으로 뛰어드는 시범을 보였다. 사내들이 너 나 할 것 없이 자기도 하겠다는 것을 억제시켰다.

이날 밤 우리는 손님을 맞이했다. MBC 화제집중 촬영팀이 찾아온 것이다. 경향신문 인터넷에 저학년을 중심으로 일기와 편지, 부모님 편지와 어깨동무 10총사 이야기를 게재했는데, MBC가 이를 보고 촬영하러 온 것이다. MBC는 저녁촬영과 10일 오전 촬영을 마치고 돌아갔다.

　1월 10일은 일요일이어서 많은 부모님들이 숨어서 우리 일행을 훔쳐보고 있었다. 100리 길 소양호 굽이굽이 길을 지나 추곡터널을 넘자 비목의 고장 6·25의 격전지 화천군에 진입하여 입구 휴게소에서 잠시 멈추어서 화장실을 다녀오다 소동이 벌어졌다. 휴게소 화장실에 들렀다가 초등학교 3학년 단원이 휴게실 안에 계신 부모님과 맞닥뜨린 것이다. 유리벽을 사이에 두고 아이와 부모님은 눈물바다가 되었다.

　나는 할 수 없이 이 가족의 상봉을 허락했다. 뜨겁게 포옹하는 어머니와 아이를 애써 외면하려는 아버지의 모습을 보며 무엇을 이루려 이 길을 떠나보내고 떠나왔는지를 되씹어본다. 나는 많이 약해져 가는 것인가.

　어깨동무를 맞이하는 화천군은 군수께서 연도에 나와 있었고, 7사단 군악대가 우리를 기다리고 있었다. 군수님은 위로와 격려를 해 주었다. 잠자리는 군부대 안 막사였다. 군부대는 진객 어깨동무를 맞이하기 위해 목욕물을 데우고 난로를 피우고 보초를 세웠다. 나는 그들에게서 따뜻함을 느꼈다.

'빈약한 시설이라 손님 맞기 미안하다.'는 부대장에게 '이런 유서 깊은 부대에서 하루 묵은 것이 너무 자랑스럽다.'라고 답례했다. 이 부대는 화천군 오음리에 위치하여 예전 파월 장병 교육대였고 현재는 빈 막사였다. 옛 모습 그대로 페치카가 있었고 선배들의 땀 냄새가 스며 있는 곳이기도 하다. 간물대마다 슬픈 글귀가 새겨져 있다. 살아서 돌아올 수 있을까.

이날 밤 우리는 가치문화에 대한 새로운 이야기꽃을 피웠다. 여러분의 아버지 세대 또 할아버지 세대의 살아온 길, 파월 이야기. 오늘의 풍요가 어떻게 이루어졌는지를 새기고 영광되고 유서 깊은 부대에서 하룻밤을 잊지 말고 옛것을 소중히 여기자고 했다. 이날 밤은 하늘에서 무수히 별들이 쏟아지고 있었다.

1월 11일. 배후령을 넘어 춘천 입성 날이다. 춘천시 경찰서는 싸이카 순찰대를 보내 배후령 정상에서 화천경찰서와 안전관리 인계인수를 했다. 호반의 도시 춘천시가지를 걷는 어깨동무는 단단하다. 강원일보, 도민일보에서 취재도 하고 촬영도 해갔다. 다음날 신문은 '화랑의 후예 어깨동무'라는 사진 기사를 실었다.

춘천시는 선물 꾸러미를 들고 우리 일행을 맞아준다. 단원들도 사기가 올라갔다. 춘천 체육고에서 하루를 묵으면서 오후 6시

경기도 입성 자축 캠프파이어 96. 8. 10

MBC 화제집중에 나온 영상을 보았다. 단원들은 환호성을 올렸다.

1월 12일, 도보 7일차. 춘천을 떠나는 아침에 춘천교육장께서 찾아와서 단원들을 위로·격려해 주셨다. 우리는 힘들었던 강원도를 넘어 12시에 경기도 첫 마을 가평에 도착했다. 73사단 군악대, 군수님, 교육장께서 모두 나와 맞아주고 가평 노인정에서는 노인회관을 내주었다. 목욕탕에서 편안히 쉬었다. 그날 밤 경기도 입성을 자축하며 가평마을에 불꽃놀이 캠프파이어를 하면서 여독을 풀었다.

1월 13일 정비일 아침. 가평교육장께서 과일을 준비해서 다시 방문하여 위로를 해주시고 돌아간 후 군청에서는 눈썰매장에 어깨동무를 초대했다. 망설여지긴 했으나 버스까지 보내주는 호의를

거절할 수 없어 눈썰매장에서 잠시 즐기고 조종천에서 우리는 알
몸을 드러내고 얼음물에 뛰어들었다.

마지막 정비일을 마치고 1월 14일 아침, 나는 전원 완주의 가능
성을 보았다. 단원 건강 상태나 사기를 보니 전원 완주의 기쁨을
맛볼 것 같았다. 가평에서 청평 길은 가뿐히 걸어 숙영지에 도착
해서 점심을 먹고 서울 입성 준비에 부산을 떨었다. 단원들에게는
부모님의 훈계를 중히 여기고 교만해지면 안 되고, 진지하고 신중
할 것을 강조하며 조이고 또 조였다.

1월 15일, 서울의 코앞 남양주 평내까지 행진해갔다. MBC가 방
영한 국토순례가 시청자 반응이 좋아 서울 입성을 다시 촬영하러
왔단다. 남양주시에서는 구급차와 의료진을 보내주기까지 했다.
성의가 대단하다.
내부적으로 단원들의 마음이 들뜨지 않도록 조절을 하고 이날
밤 목욕탕에서 목욕을 하며 인천방송의 1시간짜리 다큐물을 보았
다. '아이들이 만들어가는 세상'이라는 타이틀로 순례길에 오른 우
리의 기록물이었다.

1월 16일. 떠났던 서울로 돌아가는 날, 길목에 있는 남양주 시
청을 방문했다. 시장님과 전 직원들이 업무를 중단하고 나와 주셨
다. 73사단 군악대의 팡파르 속에 우리 일행은 서울로 행진하며
송파구에 있는 아주초등학교로 향했다. 그곳에서 52사단 군악대

주악 속에 겨울을 이긴 작은 거인들의 뜨거운 포옹이 있었다.

서울의 밤은 찬란했다. 모두 촛불을 밝히고 동료들과의 마지막 밤을 아쉬워했다. 순례 기간 동안의 생일이었던 이들이 생일잔치는 부모님이 보내주신 케이크와 함께했다. 그렇게 마지막 밤을 보냈다.

1월 17일, 한강변에서는 부모님과 한 무리된 13기 어깨동무들은 오색기를 날리며 한강변을 걷고 있었다. 한강물은 어쩌면 소양호의 그 물줄기가 우리와 함께 와서 여기에 흐르고 있는지도 모른다. 부모님은 자녀들에게 무엇을 얻고자 이 겨울 먼 길 자녀를 떠나보냈을까? 단원들의 가슴속은 넓혀지고 데워지고 무지개가 떴을까?

2001. 8 국회에서 이만섭의장 격려

우리들이 스스로 선택했던 그 고행의 길이었다. 국회 앞 뜨락에서 떠난 이 모두가 가족과 함께 서서 모자를 벗어 하늘 높이 날리고 있었다. 내일의 힘찬 약동을 위해.

필자는 지금도 매년 혼자서 동서를 가로지르는 이 길을 걷는다. 행복했던 순례길이었다.

모든 부모가 우리 일행을 위해 얼마나 기도했던가. 단원들의 가슴속에는 순례길에서 본 무지개가 있을까.

어떤 이는 상처가 된 것도 있을 것이다. 우리에게는 1998년 여름, 평창에서 하늘나라로 떠난 단원도 있었으니까. 그는 영정으로 단원 품에서 안겨 서울로 돌아왔었다.

필자는 알고 있다. 대한민국 부모, 자식은 위대하다. 문제아는 없다.

필자는 믿는다. 우리나라가 세계의 일등 국가가 될 것이라는 것을.

세상은 빠르게 변화하지만 부모의 자식 사랑은 언제나 변치 않는다.

이 국토 순례는 사회의 많은 변화에 기여했다.

이슈가 있을 때마다 그 아픔의 표현을 걸어서 순례길로 표현했다. 세월호 유가족의 찢어지는 아픔의 순례길도 보았다. 제주도에도 올레길이 생겼다. 이후 제주도는 여행객이 계절이 없이 찾아온다.

지금은 소풍이라 하지만 필자가 초등학교 시절에는 원족이라 하여 학년끼리 거리를 달리하여 선생님 인솔하에 걸어 다녔다.

여행을 통한 교훈을 기억한다. 필자는 이 경험을 어떻게 이 사회에 승화시킬 것인가를 고민한다.

순례길에 함께한 단원, 자식을 보내준 부모님께 지면을 통해 마음 깊이 감사드린다.

고려대학교

김도운 금강일보 편집부 부국장

누구나 자신의 이름으로 책을 발행하고 싶은 욕구가 있다. 그러나 이러한 욕구를 실행에 옮기는 사람과 옮기지 못하는 사람은 엄격히 구분된다. 실제로 자신의 이름으로 된 책을 발간하는 사람은 전체의 1%도 채 되지 않는다. 그러니 자신의 이름으로 된 책 한 권을 발행했다는 것은 실로 대단한 일이다. 충분히 자랑할 만하고 스스로 자긍심을 가질 만한 일이다.

자신의 책이 꼭 필요한 사람들은 의외로 많다. 책을 저술하는 것보다 확실한 자기홍보 수단은 없기 때문이다. 책을 발행하면 관련 분야의 전문가로 인정받을 수 있고, 더불어 성실함을 인정받을 수 있다. 세상에는 많은 직업이 있고, 그 가운데 강사는 가장 절실하게 자신의 저술을 가질 필요가 있는 직업이다. 그러나 국내에 그 많은 강사 가운데 자신의 저술을 갖고 있는 강사는 그리 많지 않다. 저술이 있는 강사는 대개 손꼽히는 명강사이다.

제4기에 걸쳐 100여 명의 명강사를 배출한 '고려대 명강사 최고위과정'은 명강사의 필수 조건 중 하나인 자신의 저술 갖기를 실현시키기 위한 교육 방법의 하나로 매 기수 수료식에 맞춰 '명강사 25시'라는 제목의 공저를 편찬하고 있다. 지금껏 한 기수도 거르지 않고 소중한 공저를 완간했다. 전국의 모든 대학에서 수도 없이 많은 평생교육 과정이 진행되고 있지만 이처럼 동기생들이 꼬박 책을 출간하는 전통은 '고려대 명강사 최고위과정'이 유일하지 않을까 싶다.

십시일반 원고를 모아 한 권의 책을 완성해 보면서 예비 명강사들은 '나도 개인 저술을 발행할 수 있겠구나' 하는 자신감을 갖게 된다. 책을 편찬하는 작업이 어떤 과정을 통해 어떻게 진행되는지를 잘 알게 된다. 자신감을 얻었고, 제작 과정을 이해했으니 이제는 책을 쓰는 것이 그전처럼 먼 나라 남의 얘기로만 들리지 않는다. 완성된 한 권의 내 책을 발행하는 일이 어느덧 현실로 다가온다.

단, 기간의 교육을 통해 동기생이 힘을 합해 공저를 편찬한다는 것은 보통 일이 아니다. '나 하나쯤이야 빠져도 되겠지'라는 마음이 모아지면 책은 절대 발행될 수 없다. 역으로 '내가 좀 귀찮아도 내가 빠져서 모두에게 민폐가 될 수는 없지'라는 마음이 모아졌기 때문에 책이 발행될 수 있었다. 그러니 책 발행에 대한 자신감을 얻은 것 외에 또 다른 큰 소득이 있다면 잊지 못할 추억을 함께한 동기애를 바로 이 책에 녹아냈다는 점이다.

불과 15주 과정의 교육을 이수하면서 같은 주제로 동기생들이 번듯한 한 권의 책을 출간했으니 이 어찌 가슴 뿌듯하지 않겠는가. 대한민국 강사시장은 '고려대 명강사 최고위과정'을 주목하고 있다. 단기간에 일취월장하는 탄탄한 교육일정에 놀라고, 어느 학교 어느 과정과 비교도 못 할 끈끈한 결속력을 보이는 데 또 한 번 놀란다. 그리고는 매 기수 거르지 않고 '선배들이 이어온 전통을 우리도 이어가자'는 일념으로 공저를 출간해 수료식과 함께 출판 기념회까지 갖는 것을 보고 한 번 더 놀란다.

공저에 참여한 모든 이들은 성실성이 철철 넘치는 분들이다. 동기생들과의 약속이자 자신과의 약속을 철저하게 지켜낸 분들이다. 그래서 그들에게 찬사를 보내고 싶다. 일일이 껴안고 토닥토닥 등을 두드려 주고 싶다. 명강사의 필수조건인 자신의 책 발행하기를 비롯해 명강사로 성장할 모든 조건을 갖추었으니 출간에 참여한 모든 이들은 곧 대한민국 강의시장을 쩌렁쩌렁 호령할 굴지의 명강사 반열에 오를 것이다.

4기생까지 '고려대 명강사 최고의 과정'을 거쳐 간 모두 100여 명의 수료생들이 각자 내세우는 자신만의 강의 콘텐츠를 담아낸 『명강사 25시』 1, 2, 3, 4권은 유능한 강사를 필요로 하는 모든 기업과 기관이 유용하게 활용할 좋은 자료가 될 것이다. 『명강사 25시』는 고려대 명강사 최고위과정을 수료한 모든 이들을 하나로 엮어주는 구심점 역할을 수행할 것이다. 제작에 참여한 모든 명강사분들에게 다시금 아낌없는 격려와 갈채를 보낸다.

— 2016년 초여름 고려대 명강사 최고위과정 저술지도 도우미 김도운

명강사 최고위과정 교수진 소개

주임교수 서 필 환

핸드폰: 010-2766-5000

주　소: 서울 강남구 논현로 76길 12 준빌딩 201호 성공
　　　　사관학교

이메일: spm6787@naver.com

프로필: 고려대 명강사 최고위과정 주임교수

총괄교수 강 무 섭

핸드폰: 010-5212-7099

주　소: 경기도 양평군 옥천길 54번길 48-1

이메일: mskang@kangnam.ac.kr

프로필: 고려대 명강사 최고위과정 총괄교수

코칭교수 강 래 경

핸드폰: 010-9688-7675

주　소: 서울시 서초구 서초중앙로 24길 57 103동 2503호

이메일: nk825@naver.com

프로필: (사)한국강사협회 부회장

코칭교수 김 인 식

핸드폰: 010-6758-5858

주　소: 강원도 원주시 신림면 싸리치길 10-1(옛길)

이메일: kbsmbcsbs@paran.com

프로필: (사)한국강사협회 부회장
　　　　잔디와소풍 대표/교수

코칭교수 홍 웅 식

핸드폰: 010-9269-2369
주　소: 서울시 강북구 미아동 1357 삼각산아이원아파트
　　　　102동 1202호
이메일: threeal@hanmail.net
프로필: 한국직무능력개발원 원장

지도교수 손 정 일

핸드폰: 010-8278-8707
주　소: 서울시 강남구 역삼동 723-5 소망빌딩 3층
이메일: sonsoore2@naver.com
프로필: ㈜ 소셜마스터 대표

지도교수 송 미 애

핸드폰: 010-2256-5125
주　소: 서울시 마포구 만리재로 14 (르네상스타워)
　　　　2003호 예스티엠
이메일: masong@yestm.co.kr
프로필: 에스티엠(주) 대표이사

지도교수 송 은 영

핸드폰: 010-2693-6808
주　소: 서울시 서초구 서초중앙로 22길 77 송운빌딩
　　　　203호 이미지메이킹센터
이메일: image114@hanmail.net
프로필: 한국이미지경영학회 명예회장

지도교수 유 준 형

핸드폰: 010-8864-3160
주　소: 서울시 서초구 강남대로 99길 45
　　　　　 (잠원동, 화인빌딩 5층)
이메일: jhyou1955@naver.com
프로필: 모바일 S/W 개발(주)토리콘 회장

지도교수 이 보 규

핸드폰: 010-9356-7447
주　소: 서울시 송파구 가락로 187, 3동 801호
　　　　　 (송파동 한양아파트)
이메일: qhrb42@hanmail.net
프로필: 21세기 사회발전연구소 소장

지도교수 이 희 정

핸드폰: 010-2401-7329
주　소: 인천시 계양구 계산동 1082-7 라이즈빌딩 718호
이메일: neoppt@naver.com
프로필: 네오프레젠테이션 대표

지도교수 최 영 선

핸드폰: 010-8745-6382
주　소: 서울 종로구 구기동 33-3번지
이메일: Chjiij@naver.com
프로필: 성행위소통교육원 원장

특강교수 **조 서 환**

핸드폰: 010-3010-7000
주　소: 서울시 서초구 고무래로 10길 39, 409호
이메일: motivatocho@gmail.com
프로필: ㈜조서환마케팅그룹 회장

특강교수 **최 운 실**

핸드폰: 010-5275-9027
주　소: 경기 수원시 영통구 월드컵로 206 아주대학교
　　　　종합관 718호
이메일: cus@ajou.ac.kr
프로필: 아주대학교 교수

시범교수 **김 도 운**

핸드폰: 010-7720-8205
주　소: 대전시 유성구 봉명로 94 백조의호수 705동 1903호
이메일: 01077208205@hanmail.net
프로필: 금강일보사 부국장

시범교수 **박 상 현**

핸드폰: 010-3784-8160
주　소: 서울시 마포구 마포대로 53 트라팰리스 A동 607호
이메일: humorspot@hanmail.net
프로필: ㈜Talk D 대표

열정, 긍정, 행복을 전파하는 명강사들의 삶, 그 열정과 환희!

– 권선복(도서출판 행복에너지 대표이사,
대통령직속 지역발전위원회 문화복지 전문위원)

삶에 있어 배움은 끝이 없습니다. 배우고자 하는 의지가 열정 그 자체이며, 배움에 따르는 결과물이 행복 그 자체입니다. 문제는 '누구에게 무엇을 어떻게 배울 것인가'입니다. 사실 성인이 된 이후에는 한 명의 멘토, 한 명의 스승을 만나기 쉽지 않습니다. 사회가 정해준 인생 항로를 따라 그저 앞으로 나아가다 보면 시간이 훌쩍 지나 있기 마련입니다. 하지만 우리 주변을 잘 살펴보면 행복한 삶을 위한 노하우를 알려줄 스승이 분명 존재합니다.

『고려대 명강사 최고위과정 4기 – 명강사 25시』는 각기 다른 인생 여정 속 풀어내지 못한 무수한 질문들을 함께 고민하고 그 결과물을 함께 들려주는 책이라고 할 수 있습니다. 이 책에서 소개된 저자분들은, 다양한 삶 속에서 자신의 가치를 찾아내며 각자의 분야에서 전문가로서 세상에 행복과 긍정의 에너지를 널리 전파하고 있습니다. 하나의 작은 씨앗이 싹을 틔우고 자라나 열매를 맺고 다시 온 세상에 씨앗을 뿌리듯, 이 한 권의 책을 통해 전국 방방곡곡에 행복의 씨앗이 퍼져 나갈 것을 믿어 의심치 않습니다.

고려대 명강사 최고위과정 1기를 수료한 선배로서 4기 후배님들의 책 출간을 맡게 되어 무척 영광이며, 5기를 비롯하여 앞으로 계속 출간될 '고려대 명강사 최고위과정 시리즈'를 세상에 널리 소개하겠습니다.

고난과 역경이 있기에 희망과 도전이 있습니다. 폭우가 쏟아지다가도 언제 그랬냐는 듯이 햇볕이 내리쬐는 것이 우리 인생입니다. 근래에 들어 침체된 경제 분위기와 대립만을 내세우는 사회 분위기 때문에 많은 이들이 힘들어하고 있습니다. 하지만 희망을 잃지만 않는다면, 스스로에 대한 믿음을 잃지만 않는다면 분명 꿈은 이루어질 것입니다. 그 시작을 『고려대 명강사 최고위과정 4기 - 명강사 25시』와 함께하시길 바라오며 이 책을 읽는 모든 독자분들의 삶에 행복과 긍정의 에너지가 팡팡팡 샘솟으시기를 기원드립니다.

하루 5분 나를 바꾸는 긍정훈련
행복에너지

'긍정훈련'당신의 삶을
행복으로 인도할
최고의, 최후의'멘토'

'행복에너지
권선복 대표이사'가 전하는
행복과 긍정의 에너지,
그 삶의 이야기!

인터파크
자기계발 분야 주간
베스트 1위

권선복 지음 | 15,000원

권선복

도서출판 행복에너지 대표
한국정책학회 운영이사
대통령직속 지역발전위원회
문화복지 전문위원
새마을문고 서울시 강서구 회장
전·팔팔컴퓨터 전산학원장
전·강서구의회(도시건설위원장)
아주대학교 공공정책대학원 졸업
충남 논산 출생

책『하루 5분, 나를 바꾸는 긍정훈련 - 행복에너지』는 '긍정훈련' 과정을 통해 삶을 업그레이드 하고 행복을 찾아 나설 것을 독자에게 독려한다.

긍정훈련 과정은 [예행연습] [워밍업] [실전] [강화] [숨고르기] [마무리] 등 총 6단계로 나뉘어 각 단계별 사례를 바탕으로 독자 스스로가 느끼고 배운 것을 직접 실천할 수 있게 하는 데 그 목적을 두고 있다.

그동안 우리가 숱하게 '긍정하는 방법'에 대해 배워왔으면서도 정작 삶에 적용시키지 못했던 것은, 머리로만 이해하고 실천으로는 옮기지 않았기 때문이다. 이제 삶을 행복하고 아름답게 가꿀 긍정과의 여정, 그 시작을 책과 함께해 보자.

『하루 5분, 나를 바꾸는 긍정훈련 - 행복에너지』